**살아가는 데
가장 많이 써먹는
심리학**

살아가는 데 가장 많이 써먹는 심리학

지루징 지음 | 정유희 옮김

센시오

살아가면서 답이 필요할 때
꺼내 읽는 심리학 이야기

심리학은 우리 생활 속에서 가장 자주 등장하는 주제다. 인간의 존재 자체가 '심리'와 '행위'라는 두 기둥 위에 세워져 있기 때문이다. 우리는 이웃과의 관계에서 다양한 심리를 경험한다. 친구, 연인과의 관계에서 어린 시절의 경험이 인격 형성에 미친 영향을 발견하기도 하고 코미디 영화를 보며 유머 뒤에 숨겨진 인간의 심리를 배우기도 한다. 격렬한 논쟁을 통해 날카롭게 대립하는 양측이 어떻게 이견을 조율하는지를 보기도 한다.

생활 속 어디든 심리학이 살아 숨 쉬고 있다. 심리학의 다양한 실험과 연구 역시 사람들의 삶을 변화시키고 있다. 하지만 수많은 사람이 심리학을 온갖 어려운 학술용어와 낯선 단어로 가득한 이론으로 여긴다. 실제로 심리학은 그렇지 않다. 우리가 매일 호흡하는 공기, 마시는 물, 섭취하는 음식처럼 우리 생활 속에 깊이 스며들어 있지만, 막상 이를 의식하지 못할 뿐이다.

거의 모든 사람이 살아가면서 심리학을 응용하고 있다. 화장품 매장 판매원은 지나가는 낯선 여자 손님에게 환한 미소로 다가가 친절한 말투로 제품을 소개한다. 만약 손님이 관심을 보이면 판매원은 확신에 찬 어조로 "손님에겐 이 제품이 꼭 필요합니다"라고 말한다. 그러면 그 제품을 살지 말지 고민하던 손님은 그녀의 당당한 말투와 친절한 태도에 설득당해 결국 지갑을 연다. 이 판매원은 실적을 올려서 뿌듯해하지만 자신이 방금 상대방의 심리를 움직이는 '설득의 기술'을 완벽히 구사했다는 사실은 인식하지 못한다.

또 다른 예를 들어보자. 고생만 하고 한 번도 행복을 느껴본 적 없는 중년 여성은 다른 사람에게 종일 이렇게 이야기한다.

"난 무능해. 내 인생은 실패했어. 아무것도 한 게 없는데 벌써 늙어버렸어."

그녀는 자신이 계획을 세워도 이루지 못한 이유가 수년에 걸쳐서 자신에게 '부정적 암시'를 해왔기 때문임을 알지 못한다. 그저 원망하고 불평하며 인생의 말년이 오기만을 기다릴 뿐이다.

이 책은 사는 것 자체가 고민일 때, 좋은 습관을 갖고 싶을 때, 사회생활이 지겨울 때 등등 숙제로 가득한 인생에 바로 써먹는 심리학을 다각도로 소개한다. 다양한 사례를 통해 생활 속에 감춰진 심리 법칙 57가지를 풀어내며 쉬운 문장으로 평범한 사람들의 일화를, 전문가적 관점으로 심리학의 원리를 설명한다. 책을 읽은 사람은 가까운 생활 속 이야기를 통해 다른 사람의 인생을 간접적으로 경험하며 자신의 인생을 돌아보고 앞으로의 방향을 조정할 수 있을 것이다.

친구와의 관계로 고민하는 사람이라면 4장 '인간관계로 감정이 소진될 때 바로 써먹는 심리학'을 읽어보기를 권한다. 안정감이 늘 부족하다고 느꼈던 사람이라면 5장 '가족이 상처가 될 때 바로 써먹는 심리학'에서 문제의 답을 찾을 수 있을 것이다. 만약 독자 중 누구라도 이 책에서 삶의 힌트를 얻어 관계를 개선하거나 유년의 상처로부터 벗어난다면, 설령 그것이 아주 미미한 변화라 할지라도 이 책을 쓴 나에게는 더없는 기쁨이 될 것이다.

요컨대 이 책은 보통의 삶, 전문적 지식, 재미있는 읽을거리를 제공한다. 아무쪼록 행간에서 원하던 답을 발견하고 책 읽기의 즐거움까지 누리기를 바란다.

[**차례**]

여는 글 | 살아가면서 답이 필요할 때 꺼내 읽는 심리학 이야기 | 4

긍정적인 사람이
바로 써먹는 심리학

01 행복이라는 시소를 잘 타려면 | 15

02 창가 좌석을 선호하는 이유 | 19

03 주말에만 시간이 빨리 간다면 | 22

04 듣고 싶은 것만 듣는 칵테일파티 효과 | 27

05 나는 오늘 하루 최선을 다했는가 | 32

심리학 충전소 매력적인 사람의 비밀, 색깔 심리학 | 37

사는 것 자체가 고민일 때
바로 써먹는 심리학

01 회의 전날 잠 못 이루는 이유 | 41

02 당신은 꾸물거리는 사람입니까? | 45

03 분노의 못을 하나씩 빼내는 방법 | 50

04 외상 후 스트레스를 극복하려면 | 54

05 죽음의 신에게 붙들린 사람 | 58

심리학 충전소 암에 걸릴 확률이 높은 성격 유형 | 63

CHAPTER 3

좋은 습관을 만들고 싶을 때
바로 써먹는 심리학

01 특정한 사물에 공포를 느낀다면 | 67

02 그는 왜 곰인형을 싫어할까? | 72

03 인싸와 아싸의 심리학 | 78

04 마케팅 속 심리학 상식 | 82

심리학 충전소 맥노튼 규칙 | 85

CHAPTER 4

인간관계로 감정이 소진될 때
바로 써먹는 심리학

01 SNS라는 21세기의 페스트 | 89

02 우정에도 선택이 필요하다 | 93

03 자꾸 부딪히는 동료와 잘 지내는 법 | 98

04 소중한 친구는 한 사람이면 충분한가 | 103

05 결혼 후에도 남사친, 여사친이 필요할까? | 107

심리학 충전소 일란성 쌍둥이의 성향이 비슷한 이유 | 113

CHAPTER 5

가족이 상처가 될 때
바로 써먹는 심리학

01 불행을 대물림하지 마라 | 117

02 둘째가 외톨이가 되는 이유 | 121

03 폭력의 피해자가 가해자가 될 때 | 126

04 당신의 문제는 의존적 어른 | 131

05 선한 욕구가 과잉행동이 되지 않으려면 | 135

심리학 충전소 뇌 발달에 가장 적합한 환경 | 140

타인에게 쉽게 휘둘릴 때
바로 써먹는 심리학

01 우리는 지나치게 가깝습니다 ᛁ 145

02 해명할수록 깊어지는 오해 ᛁ 149

03 감정이 상하지 않는 화술 ᛁ 153

04 유머라는 성숙한 심리 방어기제 ᛁ 158

05 우리는 왜 낯선 이에게 호의를 베푸는가 ᛁ 163

심리학 충전소 무자퍼 셰리프의 피암시성 실험 ᛁ 168

사랑을 알고 싶을 때
바로 써먹는 심리학

01 사랑하는 사람에게 마음속 쓰레기를 버리는 법 ᛁ 173

02 우리는 성격이 너무 비슷해서 힘들어! ᛁ 179

03 완벽한 사랑은 영원할 수 없다 ᛁ 184

04 모든 사람은 양성일 수 있다? ᛁ 187

심리학 충전소 고독의 심리학 ᛁ 191

사회생활이 지겨울 때
바로 써먹는 심리학

01 내가 나에게 점수를 준다면 ᛁ 195

02 해야 할 일 목록보다 중요한 것 ᛁ 199

03 삶에 끌려다니지 않고 나 자신으로 살기 ᛁ 204

04 80층 아파트를 후회 없이 오르려면 ᛁ 209

05 무력감에 빠진 이들을 위한 자기반성법 ᛁ 213

심리학 충전소 도덕과 계급의 기원 ᛁ 218

CHAPTER 9

회사가 내 능력을 몰라줄 때
바로 써먹는 심리학

01 당신의 인격을 만드는 것 ⏐ 223

02 '웃는 표정'이 중요하다 ⏐ 228

03 스트레스를 에너지로 바꾸는 법 ⏐ 232

04 적극적 심리와 소극적 심리 ⏐ 236

05 내게 주어진 삶을 긍정하기 ⏐ 240

심리학 충전소   소수의견을 관철시키는 방법 ⏐ 244

CHAPTER 10

편견과 오해에서 벗어나고 싶을 때
바로 써먹는 심리학

01 이중잣대를 없애는 가장 효과적인 방법 ⏐ 249

02 나를 향한 미소를 호감으로 생각하는 이유 ⏐ 254

03 무엇이 선한 사람을 악한 사람으로 만드는가 ⏐ 258

04 자유에 두려움을 느끼지 않는 법 ⏐ 264

심리학 충전소   신흥종교집단이 신도들을 설득하는 방법 ⏐ 269

1

긍정적인 사람이
바로 써먹는 심리학

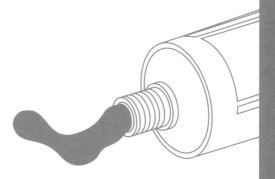

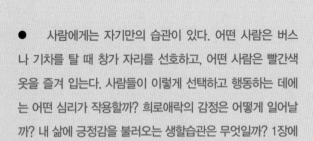

● 사람에게는 자기만의 습관이 있다. 어떤 사람은 버스
나 기차를 탈 때 창가 자리를 선호하고, 어떤 사람은 빨간색
옷을 즐겨 입는다. 사람들이 이렇게 선택하고 행동하는 데에
는 어떤 심리가 작용할까? 희로애락의 감정은 어떻게 일어날
까? 내 삶에 긍정감을 불러오는 생활습관은 무엇일까? 1장에
서 그 답을 찾아보자.

01

행복이라는 시소를 잘 타려면
– 행복을 위한 5가지 요소

생활수준이 높아지면서 더욱 많은 사람들이 삶의 질에 대해 생각하기 시작했다. 그래서 사람들은 웰빙과 삶의 품격을 따지고 삶의 질과 행복지수를 높이는 방법을 궁리하기 시작했다. 그러나 사람마다 삶에 대해 느끼는 바가 다르기 때문에 행복에 대한 정의 역시 각기 다르다. "당신은 행복한가?"라는 질문을 받을 때 우리는 스스로에게 물어야 한다. "무엇이 행복일까?"

옛날 매우 선량한 사람이 있었다. 그는 평생 다른 사람을 도왔고 거기서 행복을 느꼈다. 그는 죽은 뒤 생전에 했던 선행 덕분에 아무 문제 없이 천국에 가서 천사가 되었다. 그는 천국에서도 행복을 느끼고 싶어서 인간세상으로 자주 내려가 계속해서 사람들을 도왔다.

한번은 울고 있는 농부를 만났다. "우리 집 물소가 죽었습니다. 이제는 농사를 도울 물소가 없으니 밭을 갈 수 없어요." 천사는 곧바로 농부에게 물소 한 마리를 하사했고 농부는 기뻐하며 밭을 갈았다. 천사는 농부의 모습을 보며 행복을 느꼈다.

천사는 상심한 한 남자도 만났다. "지갑을 도둑맞았어요. 수중에 돈이 한 푼도 없어서 집에도 갈 수 없습니다." 천사는 이 남자가 집으로 갈 수 있도록 여비를 주었다. 남자는 기뻐하며 길을 떠났고 천사는 이 남자의 뒷모습을 보며 행복을 느꼈다.

이번에 천사가 만난 사람은 재능이 뛰어난 시인이었다. 이 시인은 젊고 잘생긴 용모에 재능이 많았다. 뿐만 아니라 경제적으로 부유해서 생계를 걱정하지 않아도 되었고, 아름답고 다정한 아내와 사랑스러운 자식까지 있었다. 그런데 그는 천사를 보자 울며 매달렸다. "저는 도움이 필요합니다. 저를 좀 도와주시겠습니까?" 천사가 의아해하며 물었다. "당신은 모든 것을 다 가졌는데 내가 무얼 도와주기 원합니까?" 시인이 대답했다. "저는 정말 모든 것을 다 가졌지만 행복은 가져본 적이 없습니다."

천사는 한참을 고민한 뒤 시인이 가지고 있던 모든 것을 가져갔다. 시인의 재능과 잘생긴 얼굴, 그의 재산과 가족의 생명까지 앗아갔다. 한 달이 지난 뒤, 천사가 시인을 찾아갔을 때 시인은 남루한 옷차림의 거지가 되어 있었다. 금방이라도 굶어 죽을 것

같은 시인을 본 천사는 그에게서 가져간 모든 것을 원래대로 되돌려놓았다. 시인은 재능, 외모, 재산, 가족을 모두 되찾았다. 다시 한 달이 지난 뒤 천사가 시인을 찾아왔을 때 그는 마침 가족들과 함께 즐거운 시간을 보내고 있었다. 그는 천사를 보자 연신 고맙다며 인사했다. 시인은 행복을 찾았고 천사 역시 그에게서 행복을 느꼈다.

삶의 5요소를 균형 있게 발전시켜라

사람마다 행복에 대한 정의가 다르다. 어떤 사람은 재산을 갖는 것이, 어떤 사람은 건강한 것이, 어떤 사람은 성공한 것이 또 어떤 사람은 마음이 편한 것이 행복이라고 생각한다. 대다수의 사람들이 행복을 추상적인 개념으로 정의하기 때문에 행복이 무엇인지 헤아리기 어렵고 이해하기도 쉽지 않다. 행복은 삶의 곳곳에 관여하기 때문에 시소와 같이 각 부분의 균형이 맞아야 한다.

2010년 미국 프린스턴대학의 대니엘 카너먼Daniel Kahneman은 삶의 만족도와 행복감을 연구했다. 그는 전화 설문조사를 통해 응답자의 가구 수입, 학력, 혼인 여부, 보험, 종교 등 다양한 자료를 수집했고 과학적 통계 방법을 이용해서 조사결과를 평가했다. 그 결과 가구 수입이 높을수록 삶에 대한 만족도가 높아졌고 행복감도 증가했다. 그런데 한 가구의 연간 수입이 일정 수치에 이르면 삶에 대한 만족도가 높아지는 속도는 느려졌다.

　미국작가 톰 래스Tom Rath와 짐 하터Jim Harter가 쓴《무엇이 우리를 행복하게 하는가Wellbeing》라는 책에는 행복의 다섯 가지 요소가 다음과 같이 제시된다. 자신이 좋아하는 직업, 양질의 인간관계, 재정적인 안정, 건강한 신체, 사회공헌을 통해 고양된 자부심이 그것이다. 일반적으로 자신이 행복하다고 생각하는 사람은 이 다섯 가지 요소를 충족하고 있다. 하지만 이들은 전체 인구의 7퍼센트밖에 되지 않는다. 대다수의 사람들은 일부 요소만 갖추고 있어서 자신의 삶에 만족하지 못하거나 행복감을 느끼지 못한다. 그 주된 이유는 사람들이 삶의 한 가지 요소에만 관심을 두고 다른 요소에는 소홀하기 때문이다. 만약 이 다섯 가지 요소를 균형 있게 발전시킨다면 삶에서 행복을 느낄 수 있을 것이다.

02

창가 좌석을 선호하는 이유
– 사람과 사람 사이의 거리를 결정하는 '경계효과'

사람들은 식당에서 거리를 내다볼 수 있는 창가 좌석을 선호한다. 그곳에서 맛있는 음식을 먹고 한가롭게 대화의 꽃을 피우는 동시에 창문 너머 행인들, 혹은 한적한 오솔길을 바라볼 수 있기 때문이다. 길가의 카페나 작은 식당 역시 실내 좌석보다는 창가 좌석에 앉는 손님이 더 많다. 버스, 기차, 비행기에서도 사람들은 창가 좌석을 선호한다. 지정 좌석에 앉는 것이 아니라면 창밖에 아름다운 풍경이 없어도 또 밤이라서 밖이 칠흑같이 어두워도 사람들은 통로 쪽 좌석보다는 창가 좌석을 선택한다.

그렇다면 넓게 트인 광장에서는 어떨까? 사람들은 담장, 기둥, 가로등, 나무와 같이 공간의 경계를 나누는 건물이나 시설 주변에 머무는 경향을 보인다. 드넓은 모래사장에서도 사람들은 가장자리에서 휴식을 취하고 그곳이 붐빌 때에서야 비로소 중간의 개방된 공간으로 자리를 옮긴다.

창가 좌석을 선호하거나 광장의 건물이나 시설 부근에 머무는 현상은 생활 속에서 매우 쉽게 찾아볼 수 있다. 그렇다면 그 이유는 무엇일까?

사람들은 각자의 취향에 따라 선택하는데, 그 취향은 매우 편향적이다. 생크림케이크를 즐겨 먹는 사람이 있는 반면에 초콜릿케이크를 좋아하는 사람이 있다. 커피에 크림과 설탕을 넣어 마시는 사람이 있는가 하면, 쓰디쓴 블랙커피를 즐겨 마시는 사람이 있다. 사람마다 각각 생각이 다르고 취향도 다른데 좌석을 선택할 때만큼은 놀랍게도 일치된 행동을 보인다. 그렇다면 여기에 무언가 인류의 공통된 특성이 존재하는 것은 아닐까?

경계는 숲을 파악할 수 있는 시야를 제공한다

심리학자 데얼크 데 용에Derk de Jonge는 '에지효과Edge Effect'라고 불리는 이론을 제시했다. 그는 사람들이 일정한 구역의 가장자리에 머무는 것을 좋아하고, 넓은 중간지대를 마지막으로 선택하는 것은 안전을 추구하는 인간의 본성에 근원을 둔 심리라고 설명한다. 인간은 천성적으로 타인과 어울리는 것을 좋아하며 안전한 공간을 찾는다. 창가 혹은 경계에 가까운 위치는 이 두 가지 본성을 동시에 만족시킨다.

창가에 앉으면 주변 사람들과 교류가 가능하면서도 자신의 개인적 공간의 반이 창가에 가려져 있어서 외부공간으로부터 자신을 가능한 한 적게 노출할 수 있다. 이렇게 상대적으로 안전한 위치에 놓이면 갑작스런 상황이 발생했을 때 그 자리에 남아 상황을 주시하든 신속하게 대처하든 다른 사람보다 훨씬 더 유리하게 행동할 수 있다. 즉 경계는 개인에게 전체적인 상황을 파악할 수 있는 시야를 제공한다. 인간은 자신의 안전을 확보하고 전체적인 상황을 파악한 뒤에야 비로소 주변 사람들을 관찰한다. 이러한 관찰을 통해 얻은 다양한 정보를 선별하고 판단해서 최종적으로 누구에게 말을 걸지, 혹은 친근하게 다가갈지 등을 결정한다.

그밖에 모든 사람에게는 투명한 공기방울과 같은 '개인적 공간'이 있다. 그것은 색도 맛도 없고 눈에 보이지도 않으며 만져지지 않지만 사람과 사람 사이의 거리를 결정한다. 가장자리를 차지한 사람은 중심에 있는 사람보다 그 구역을 떠나기가 쉽기 때문에 자신의 개인적 공간을 쉽게 침범당하지 않는다. 사람과의 관계 속에서 상대방이 자신에게 과도하게 접근하거나 개인적 공간을 침범하면 가장자리에 있는 사람은 상대방과의 거리를 떨어뜨려서 자신만의 공간을 확보할 수 있다. 이렇듯 인간은 어떤 상황에서도 자신이 상황을 주도함으로써 심리적인 안전을 유지하고자 한다.

03

주말에만 시간이 빨리 간다면
– 우리 삶에 꼭 필요한 감각의 오류

고속도로를 달리는 차 안에서는 시속 100킬로미터로 달려도 그다지 빠르게 느껴지지 않는다. 하지만 시내의 일반도로를 시속 100킬로미터로 달린다면 마치 롤러코스터를 타는 것처럼 느껴질 것이다. 무도회장에서 빠른 속도로 현란하게 움직이는 조명 아래 춤을 추는 사람들은 주위가 빙글빙글 도는 것처럼 느낀다. 음악에 맞추어 춤추는 사람들의 동작도 무척 화려하고 힘이 넘쳐 보인다. 하지만 조명이 멈추면 사람들은 사실 밋밋하게 팔다리를 흔들고 있을 뿐이다. 조금 전까지 느꼈던 에너지를 찾아볼 수 없다. 또 우리는 갑자기 눈앞에 펼쳐진 장면을 예전에 경험한 적이 있다고 느낄 때가 있다. 그것은 객관적인 상황일 수도 있고 주관적인 느낌일 수도 있는데 어떤 것이든 마치 예전의 일을 복사해서 현재에 붙여놓은 것만 같다.

이렇듯 우리는 허상 속에서 실재를 보고 낮음 속에서 높음을 본다. 어느 것이 실재이고 어느 것이 허상인지 구분하지 못한다. 이러한 현상은 착각 때문에 일어난다. 어떤 것은 시각에서 일어나는 착각이고 어떤 것은 청각에서 나타나는 착각이며 또 어떤 것은 인지적인 착각이다. 이러한 착각은 우리가 주변 환경, 사람 혹은 사물을 잘못 판단하거나 감지하게 만든다. 인간은 귀로 들리는 것을 허상으로 여기고 눈으로 보는 것을 실재하는 것으로 여긴다. 하지만 자신의 감각이 때로는 스스로를 속인다는 사실은 모르고 있다.

사람이 착각을 일으키는 것은 모든 사람에게 있는 신체적 특징과 밀접한 관련이 있다. 생리적인 특징이든 심리적인 특징이든 모두 착각이 일어나는 빈도, 강도의 크기와 지속 시간에 영향을 준다. 감각이 유달리 민감한 사람이 있다고 예를 들어보자. 그는 주위 환경의 자극에 대해 다른 사람보다 더 빠르고 예민하게 반응한다. 물론 그 때문에 먼지가 피부에 닿는 것을 벌레가 몸에 떨어졌다고 착각하는 등의 감각상의 착오가 일어날 수 있다. 이러한 착각은 생리적이거나 심리적인 요인 외에도 살아온 환경, 성장배경, 생활 속에서 겪는 경험 때문에 일어날 수 있다.

착각이 일어나는 원인을 파악하라

다행히도 착각이 우리 생활에 늘 부정적으로만 작용하는 것은
아니다. 때로는 단조로운 생활에 변화를 가져다주기도 한다. 실
내 인테리어를 할 때 시각적인 착각을 효과적으로 이용하면 좁
은 공간을 넓어 보이게 할 수 있다. 조명으로 시각적인 착각을
일으키면 실내의 분위기를 다르게 바꿀 수 있다. 또한 착각 현상
이 일어나는 원인을 파악하면 생활 속에서 골치 아픈 문제들을
의외로 손쉽게 해결할 수 있다.

장씨 부인은 어떻게 남편이 술을 스스로 끊도록 만들었는지
그 비결을 알아보자.

장씨는 젊었을 때부터 술을 좋아해서 하루도 거르지 않고 술
을 마셨다. 장씨의 부인은 매일 술을 입에 달고 사는 남편이 이
해가 되지 않았다. 그러다 보니 남편에게 자주 잔소리를 했다.
"술만 마셨다 하면 일도 내팽개치는군요. 건강에도 해로운데 이
쓰디쓴 술이 뭐가 좋다는 건지 모르겠군요!" 이렇게 남편에게
불평을 늘어놓은 것도 여러 해가 되었지만 남편은 여전히 손에
서 술잔을 놓지 않았다. 두 사람은 술 문제로 자주 다투었다.

장씨 부부는 음식점을 운영하고 있었는데 한번은 두 사람이
술 문제로 다투고 있을 때 손님이 찾아왔다. 이 손님은 50대의
부인으로 가게 문을 들어설 때 이미 장씨 부부가 다투는 소리를

들었던 터라 호기심에 장씨 부인에게 물었다. "들어올 때 다투는 소리가 나던데 무슨 일 있어요?" 장씨 부인은 난감한 표정으로 대답했다. "얘기하자니 부끄럽네요. 제가 시집온 지 여러 해가 됐는데 남편이 좀처럼 술을 끊지 못하고 있어요. 매일 아침 눈 뜨면 가장 먼저 찾는 게 술이에요. 그래서 잔소리를 하면 결국 말다툼이 돼버리네요." 손님은 장씨 부인의 이야기를 다 들은 뒤 말했다. "남편께서 그렇게 오랫동안 술을 마셔온 것은 술 마셔서 좋은 점만 알지 해로운 점은 모르기 때문일 거예요. 이제부터 남편이 술을 마실 때마다 옆에서 해로운 점을 이야기해주세요. 시간이 지나고 나면 남편 스스로 알아서 술을 끊을 겁니다."

장씨 부인은 반신반의하며 손님이 말한 대로 남편이 술을 마실 때마다 술의 해로운 점을 하나하나 열거해서 들려주었다. 남편은 짜증을 내며 싫은 소리를 했지만 장씨 부인은 아무런 말대꾸도 하지 않았다. 이렇게 시간이 흐른 지 얼마 지나지 않았는데 어느 날 남편이 술잔을 기울이다 옆에 앉은 아내에게 말했다. "왜 그런지 모르겠지만 갑자기 술 마시는 게 싫어졌소. 오늘부터 술을 그만 마시겠소."

남편의 말을 들은 장씨 부인은 기뻐서 어쩔 줄을 몰랐다. 손님이 알려준 방법이 정말 통했던 것이다. 원래 남편은 고집이 센 사람이어서 아무리 옆에서 술을 마시지 말라고 말해도 듣지 않고 매일 술을 마셨다. 그런 남편이 먼저 나서서 술을 끊겠다고 선언한 것이다. 장씨 부인은 그 손님에게 진심으로 고마워했다.

장씨는 술을 마시며 친구들과 노는 즐거움에 빠져 있을 때는 시간이 금세 지나갔고 고민과 고통도 잠시나마 잊을 수 있었다. 그런데 술을 마실 때마다 술이 가져오는 해로움을 듣게 되자 원래 즐거웠던 일이 걱정과 두려움으로 바뀐 것이다. 그 결과 알코올이 가져다준 행복도 점점 줄어들었다. 이런 시간이 오래 되자 그는 술을 마실 때마다 조건반사적으로 술의 해로움을 생각하게 되었고 차츰 술에 대한 애착도 잃게 되었다.

모든 사람이 하는 착각 중 하나가 즐거울 때는 시간이 금세 지나가고 괴롭고 힘들 때는 시간이 느리게 지나간다고 느끼는 것이다. 같은 이치로 매일 자신이 좋아하는 일을 하는 사람은 즐거움 속에 빠져 있기 때문에 시간의 흐름을 잊는다. 반면 매일 자신이 원치 않는 일을 하거나 자신에게 해로운 일을 하는 사람은 마치 지옥에 빠진 고통을 느껴 시간이 빨리 지나가기를 바란다. 이렇듯 같은 시간이어도 느끼는 바가 다른 것은 우리의 마음 상태에 따라 나타나는 착각 때문이다.

04

듣고 싶은 것만 듣는 칵테일파티 효과

– 전화번호를 기억하지 못하는 이유

어느 날 한 기자가 아이슈타인과 함께 산책을 나갔다. 그는 아인슈타인에게 몇 가지 궁금한 점을 물었다. 기자는 나중에 또 다른 궁금한 점이 있으면 물어보려고 그에게 전화번호를 알려달라고 청했다. 아인슈타인은 흔쾌히 승낙했다. 산책을 마친 뒤 아인슈타인은 전화번호 수첩에서 자신의 전화번호를 찾은 뒤 기자에게 적으라며 번호를 하나하나 읽어주었다. 기자는 자신의 전화번호조차 기억하지 못하고 수첩에서 찾는 아인슈타인을 이해할 수 없었다. 기자의 마음을 읽은 아인슈타인은 이렇게 말했다. "전화번호부에 이미 적혀 있는데 굳이 머릿속에 기억할 필요가 있겠소?"

위의 일화가 사실인지 아닌지 의구심을 품는 독자도 있을 것이다. 그러나 이 이야기의 핵심은 우리의 뇌가 활동할 때 세심한 선택과정을 거친다는 것이다. 뇌는 주변 환경 속의 불필요한 정보를 걸러내서 보다 중요하고 가치가 높은 일에 주의를 기울인다. 이는 마치 칵테일파티에 참석한 사람들의 행동과도 같다.

파티장에는 웃음소리, 발걸음소리, 술잔을 부딪치는 소리, 음악소리, 사람들의 말소리 등 온갖 다양한 소리로 떠들썩하다. 그런데 우리는 주변 사람들의 말소리나 음악소리가 아무리 커도 곁에 있는 친구의 말을 듣는 데는 문제가 없다. 음악을 감상하는 사람의 경우 주위의 소음에 아랑곳하지 않고 음악의 세계에 빠져든다. 10여 명, 심지어 20여 명이 한 공간에서 이야기를 나눌 때 우리의 귀가 듣고자 하는 내용은 듣지만 듣고 싶지 않은 소리는 차단하는 것과 같다. 멀리서 누군가 자신의 이름을 부를 때 우리는 여러 사람의 목소리 중에서 나를 부른 사람을 향해 고개를 돌린다. 이것이 바로 그 유명한 '칵테일파티 효과'다.

칵테일파티 효과는 본래 심리학자들이 인간의 청각을 설명하기 위해 만든 개념이다. 그런데 이 현상은 인간이 주의를 배분하는 능력을 더욱 잘 설명해준다. 인간은 외부로부터 수많은 자극을 받지만 주의력을 한 가지에 집중할 때 그것과 관련이 없는 정보는 배제한다. 이때 주의를 기울이는 곳에서 나는 소리의 크기는 다른 소리보다 두세 배 크게 느껴지기 때문에 가장 먼저 우리

의 주의를 끈다. 예를 들어 바로 지금 누군가가 당신에게 새끼손
가락이 어떻게 느껴지는지 묻는다고 하자. 이 질문을 받기 전까
지 새끼손가락에는 아무런 느낌도 없었을 것이다. 그런데 이 질
문을 받고 나면 당신은 곧바로 새끼손가락이 쓰리거나 가렵거
나 혹은 묵직하거나 차갑다고 느낄 것이다. 사실 질문을 받기 전
에도 새끼손가락의 감각은 똑같이 존재했지만 더 중요한 일에
주의를 기울이느라 느끼지 못했을 뿐이다. 질문을 받은 뒤 새끼
손가락의 감각이 강력한 신호가 되자 뇌에서 새끼손가락에 주
의를 기울이라는 명령을 내린 것이다.

무엇에 주의를 기울일지에 따라 결과도 달라진다

어느 번화한 도시에 매우 유명한 거리가 있다. 이 도시에 사는
사람이든 멀리서 온 여행객이든 모두 이 거리를 찾아와 오후의
멋진 거리 풍경을 감상한다.

이 도시에서 멀리 떨어진 작은 마을에 살았던 아쑤, 아양, 아꿰
이 세 사람의 오랜 소원은 바로 이 도시를 여행하는 일이었다. 그
들은 이 도시에 함께 와서 각자가 본 풍경을 기록하기로 약속했
다. 훗날 그들은 서로 다른 직업을 선택했고 각기 다른 인생의 여
정을 걸었다. 아쑤는 외과의사가 되었고 아양은 부동산 사업가
가 되었다. 어릴 때부터 남들과 달랐던 아꿰이는 예술가가 되어

도시의 각종 조형물을 제작했다. 세 사람은 각기 다른 시기에 이 도시를 찾아와서 유명한 이 거리를 둘러보았고 각자의 눈에 비친 멋진 풍경을 기록했다. 그런데 이들의 감상은 너무나 달랐다.

아쑤는 이렇게 적었다. "거리는 매우 조용하고 평화로웠다. 수많은 옷가게와 고급스런 커피숍이 거리를 빼곡하게 채우고 있었다. 어느 골목으로 들어가니 한 귀퉁이에 작은 약국이 있었다. 먼지가 쌓인 진열대에는 다양한 브랜드의 소화제가 놓여 있었다. 그 앞에서 사람들은 어떤 약을 먹어야 건강을 회복할 수 있을지 고민하며 신중하게 약을 고르고 있었다. 어쩌면 그들에게 필요한 것은 교외의 신선한 공기와 적절한 운동이겠지만 차마 그들에게 말해주지 못했다."

아양이 적은 글은 이러했다. "이 도시의 화려한 거리를 보았다. 거리에 들어선 수백 개의 상점마다 손님들로 붐볐다. 길가의 가판대에 두 명의 여자아이가 손수 만든 봉제인형을 팔고 있었다. 이 거리에서 상점을 여는 것은 쉽지 않은 일이다. 우선 임대료가 비싸고 건물주가 내거는 조건도 까다롭다. 만약 이 거리의 점포 하나를 살 수 있다면 성공한 사업가가 될 것이다."

아궤이는 이렇게 기록했다. "거리는 시적인 정취로 가득했다. 황혼 무렵 하늘 가득 물든 저녁놀이 거리의 돌바닥에 반사되어 은은한 빛을 비췄다. 도시의 드넓은 하늘 아래 붉은 태양이 길가에 늘어선 상점의 쇼윈도에 비치면 거리 전체가 마치 저녁놀의 아름다운 꿈에 빠져있는 듯했다."

같은 거리인데도 세 사람이 묘사한 거리는 판이하게 달랐다. 여기서 주의력의 선택을 확인할 수 있다. 사람은 사물에 따라 주의를 어느 정도 기울일 것인지 선택한다. 또 같은 사물이라도 사람에 따라서 주의를 기울이는 정도 역시 다르다. 아쑤, 아양, 아궤이는 각자 경험이 다르고 직업 역시 다르다. 이들은 같은 거리의 풍경을 감상하더라도 자신이 하는 일과 관련이 있고 관심 분야가 비슷한 사물에 주의를 기울였다.

심리학자에 따르면 인간은 매일 외부로부터 대량의 정보를 받아들이지만 주의를 기울이는 것은 그중 아주 작은 부분에 불과하다고 한다. 그런데 사람들이 무엇에 주의를 기울일지는 유의미한 선택을 거치기 때문에 주의를 기울인 결과 역시 다르게 나타난다.

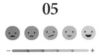

나는 오늘 하루 최선을 다했는가
– 미래를 결정하는 하루 세 번의 반성

올해 여덟 살이 된 주니는 식탁 앞에 앉아 빵조각을 가지고 피피와 장난을 치고 있었다. 피피는 주니가 아주 어렸을 때부터 함께 지낸 귀여운 강아지다. 주니는 식사시간에 피피를 식탁으로 데리고 와서 밥 먹이기를 좋아했다. 엄마 아빠가 그렇게 하지 말라고 여러 차례 주의를 주었지만 주니는 좀처럼 말을 듣지 않았다.

피피는 주니의 손에 든 빵을 낚아채기 위해 몸을 이리저리 움직였는데 하필 주니 앞에 놓인 접시를 건드리고 말았다. 접시는 바닥으로 떨어져서 산산조각이 났다. 접시 깨지는 소리에 놀란 엄마가 주방으로 서둘러 달려왔다. 주니는 엄마에게 혼날까 봐 이렇게 대답했다. "피피가 접시를 엎질러서 깨진 거야. 내 잘못이 아니야." 엄마는 화가 나서 언성을 높이며 주니에게 물었다. "그럼 주니 너는 아무 잘못도 없어?" 주니도 큰 소리로 대답했다. "피피가 그런 거라고! 난 잘못한 게 없어!" 엄마가 주니에게 말했다. "네 방에 가서 방금 일어난 일을 잘 생각해보렴. 정말 너에게 아무 잘못이 없었는지 말이다."

10여 분이 지난 뒤 주니는 고개를 숙인 채 방에서 나와 엄마에게 말했다. "피피가 잘못했지만 나도 잘못했어. 식사할 때 피피랑 장난치지 말아야 했고 피피를 식탁으로 데리고 오지 말았어야 했어. 엄마가 그러지 말라고 여러 번 얘기했는데 내가 듣지 않았어." 주니의 말을 듣자 엄마의 얼굴이 환해졌다. "잘못을 했으면 먼저 자신을 돌아봐야지 책임을 떠넘기면 안 돼. 네가 잘못한 걸 알았으니 오늘은 네가 식탁을 치우고 깨진 접시는 네 용돈에서 물어내렴."

증자曾子는 "나는 날마다 세 가지 일로 내 몸을 반성한다"라고 말했다. 그는 다음 세 가지 일을 반성했다. 자신이 다른 사람을 위해 도모한 일에 마음을 다하고 힘을 다했는가? 친구를 충분히 신뢰했는가? 스승이 가르친 지식을 열심히 공부했는가?

현대사회를 살아가는 우리가 반성할 내용은 증자보다 훨씬 더 많다. 성인이라면 누구나 자신의 잘못을 반성해야 함을 알고 있다. 부단히 자신을 반성하는 사람만이 자신의 행동을 정확히 이해하고 자신의 인격이 어느 정도인지 분명히 알 수 있다.

스무 살이 넘으면 많은 사람들이 과거 책에서 배운 지식이나 그동안 쌓은 경험으로 자신만의 고유한 가치관과 세계관을 만든다. 삶의 크고 작은 일에 이 가치관과 세계관을 활용하고 이를 기준으로 판단한다. 그러나 복잡다난한 세상에서 우리는 수시로 외부세계의 변화에 주의를 기울이고 자신의 내면의 소리를 들어야 한다. 자신이 한 일을 이해하고 자신의 행동을 반성하며 생각과 관념을 끊임없이 변화시키고 바꾸는 과정 속에서 인생의 길을 찾을 수 있기 때문이다.

'생각이 행동을 결정한다'라는 말이 있다. 마음이 나약한 사람은 어려움을 보면 외면한다. 외부의 결정에 이끌려서 비굴하게 살아간다. 제멋대로 행동하고 책임을 떠넘기는 사람은 자신이 저지른 잘못을 책임지지 않으려 하고 다른 사람에게 그 책임을 떠넘긴다. 하지만 자신을 돌아보려는 의식과 능력이 있는 사람은 자신을 분명히 이해할 수 있기 때문에 자신의 진면목을 똑바로 인식하고 인생에서 일어나는 여러 가지 일들의 원인을 파악할 수 있다.

생각이 행동을 결정한다

중국 하夏나라의 우禹임금은 치수사업을 끝내자 세력이 더욱 강대해졌고 위세가 높아졌다. 그는 중원 각 부족의 수령들을 불러

모아 자신의 최고 지위를 확인하고자 했다. 한번은 회계산에서 각 부족의 수령들이 모였는데 방풍씨라는 수령이 가장 마지막으로 출석했다. 그는 매우 오만하게 굴며 우임금에게 복종하려 들지 않았다. 이에 우임금은 그를 처형했다. 이때 유호씨라는 수령이 우임금의 처사에 불만을 품고 군사를 이끌고 전쟁을 일으켰다. 우임금은 군대를 이끌고 이들과 여러 차례 교전을 벌였지만 번번이 패했다.

후에 우임금은 자신의 아들 계啟에게 군대를 이끌고 유호씨를 굴복시키라고 명했다. 하지만 계 역시 승리를 거두지 못했다. 유호씨에게 패한 군사들은 분을 참지 못하고 계에게 전군에 공격할 것을 명해달라고 요구했다. 그러자 계는 이렇게 말했다. "그럴 필요 없다. 나의 장수들이 유호씨보다 많고 땅 역시 유호씨보다 넓다. 그런데도 전투에서 거듭 패한 것을 보면 분명 나의 덕행이 부족하고 병법이 그보다 못했기 때문이다. 오늘부터 나는 자신을 반성해서 부족한 부분을 하루 속히 고칠 것이다."

그날부터 계는 아침 일찍 일어나 책을 읽고 간소한 음식을 먹고 거친 옷을 입고 풀로 엮은 신을 신었다. 또한 백성들을 돌보며 덕이 있는 사람을 높이고 재능 있는 사람을 등용했다. 1년이 지난 뒤 계의 상황을 알게 된 유호씨는 군사를 이끌고 전쟁을 일으키는 대신 오히려 계에게 투항했다.

현대사회는 하나라, 상나라 시대보다 훨씬 더 발달한 문명을 이루었지만 그만큼 더 복잡하게 변했다. 사람의 마음은 명리에 휘둘려서 자칫 방심하면 갈수록 팽창하는 자아와 급격하게 바뀌는 사회의 소용돌이에 빠져서 진정한 자아를 잃기 쉽다. 예로부터 대업을 이루는 사람은 모름지기 자신을 반성하는 것을 수신修身의 중요한 수단으로 여겼다. 자신의 과실을 수시로 반성하고 자기중심적인 생각을 내려놓고 다른 사람의 입장에서 문제를 바라본다면 자신의 귀를 맑게 눈을 밝게 유지해서 순수하고 깨끗한 마음으로 생활할 수 있다.

현대사회에서 하루 세 가지를 반성한다고 해서 반드시 물질적인 이득이나 명성을 얻는 것은 아니다. 하지만 혼란스러운 인생을 분명하게 바라보고 이해하게 된다. 분명히 보고 들을 수 있는 총명한 사람이 되는 것이야말로 쉽지 않은 일이다. 자신의 머릿속에서 무엇을 생각하고 자신이 무엇을 하는지 분명히 아는 사람은 적어도 자신의 양심에 거리낌이 없고 주변 사람들을 대할 때 부끄러움이 없다. 더욱이 항상 자신을 반성하고 자신이 어떤 사람인지 분명히 인식할 수 있기 때문에 결코 나쁜 짓을 저지르지 않는다.

매력적인 사람의 비밀,
색깔 심리학

심리학에서는 색을 빨강, 노랑, 초록, 파랑 네 가지 종류로 나누고 이를 4원색이라고 부른다. 보통 빨강과 초록, 노랑과 파랑이 쌍을 이루어 심리적 보색이 된다. 이 네 가지 색을 혼합하면 검정색이 되며 결코 흰색은 얻을 수 없다. 따라서 빨강, 노랑, 초록, 파랑, 하양, 검정이 심리적 시각의 여섯 가지 기본 감각이 된다. 사람마다 색채를 인식할 때 시각에서부터 시작해서 지각, 기억, 감정, 사고 등이 각기 다르게 반응한다. 따라서 이에 근거해서 각 사람의 성격, 직업, 생활환경에 맞는 최적의 색을 고를 수 있다. 이것이 바로 컬러 컨설팅의 주된 내용이다.

중국의 대표 작가 장아이링張愛玲은 이렇게 말했다. "말을 못하는 사람에게 있어서 옷은 곧 언어다." 이때의 옷은 고유한 디자인, 스타일을 가리키는데 당연히 색깔도 빼놓을 수 없다. 한 사람이 입고 있는 옷의 색은 타인에게 감각적인 첫인상을 심어준다. 오렌지색 옷이나 액세서리는 온몸으로 붉게 물든 하늘을 반사하는 듯해서 보는 이에게 활력을 주고 마음까지 움직이게 만든다. 노란색은 밝게 빛나는 햇빛이다. 노란색 롱드레스를 입은 여인이 당신 곁을 지나면 마치 방안 가득 햇볕이 내리쬐는 듯한 느낌으로 마음이 따뜻해질 것이다.

패션에서만큼 인테리어에서도 색채원리가 응용된다. 벽면의 색을 과감하게 선택하면 방의 전체적인 분위기를 완전히 다르게 연출할 수 있다. 녹색이 가진 매력은 대자연의 영감을 보여준다는 점인데 이것은 긴장된 일상생활에 지친 사람들의 마음에 해방감을 가져다준다. 대나무, 연잎, 선인장은 자연을 연상시키고 갈색을 띠는 해조, 해초, 이끼의 녹색은 신비로운 느낌을 준다. 파란색은 패션디자인에서 열대지역을 표현하는 데 자주 쓰인다. 집에 아기가 있다면 거실을 레몬색으로 칠해보는 것도 좋을 것이다. 레몬색은 아기의 기분을 가볍게 해주고 집안 분위기에 활력을 더해주어서 아이가 이런 분위기에서 밥을 먹으면 식욕도 왕성해져 성장발육에도 도움이 된다.

식재료의 색 역시 음식을 돋보이게 하는 중요한 요소다. 음식의 '색'은 사람이 입은 옷과 같이 가장 먼저 시선을 끈다. 외국의 패스트푸드 체인점에서 가장 자주 볼 수 있는 색은 무엇일까? 빨간색이다. 빨간색이 식욕을 자극하기 때문에 우리는 자기도 모르게 음식을 몇 입 더 먹게 된다. 만약 실내 인테리어에도 빨간색을 가미한다면 그 효과는 더욱 클 것이다.

2

사는 것 자체가
고민일 때 바로
써먹는 심리학

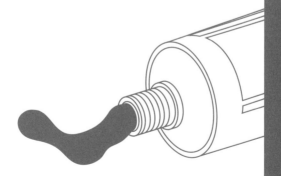

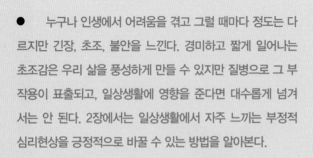

●　　누구나 인생에서 어려움을 겪고 그럴 때마다 정도는 다르지만 긴장, 초조, 불안을 느낀다. 경미하고 짧게 일어나는 초조감은 우리 삶을 풍성하게 만들 수 있지만 질병으로 그 부작용이 표출되고, 일상생활에 영향을 준다면 대수롭게 넘겨서는 안 된다. 2장에서는 일상생활에서 자주 느끼는 부정적 심리현상을 긍정적으로 바꿀 수 있는 방법을 알아본다.

01

회의 전날 잠 못 이루는 이유
– 불안장애 이겨내는 법

적어도 3년은 된 것 같다. 장리는 매일 잠자리에 들기 전에 다음 날 해야 할 일을 머릿속으로 시연해보고 일의 전후 순서와 세부적인 내용까지 점검한 뒤에야 마음 놓고 잠을 잔다. 한때는 자신의 이런 습관 덕분에 해야 할 일을 빈틈없이 준비할 수 있다고 생각하며 자부심을 느꼈지만, 최근에는 이 습관이 가져온 부작용을 크게 인식하게 되었다.

장리는 직장에서 맡은 업무가 늘어나자 매일 처리해야 할 일도 많아졌다. 그러다 보니 매일 수많은 일을 생각하느라 머리에 과부하가 걸리고 말았다. 예전에는 침대에 누운 뒤 그날 일어난 자잘한 일들을 생각하더라도 수면을 취하는 데 별다른 어려움이 없었다. 그런데 요즘 따라 부쩍 정신적으로 힘들고 체력마저 심각하게 저하되었음을 느낀다. 다음날 고객과의 미팅이나 외근이 있으면 전날 밤에 마음속으로 전체 일정, 약속한 장소, 만나기로 한 고객에 관한 세부적인 사항을 점검했고 모든 준비를 마쳤는데도 한 시간이 넘도록 잠을 이루지 못했다. 때로는 선잠을 자다가 새벽에 눈이 번쩍 뜨여서 자리에 누운 채 자명종이 울릴 시간만 기다리기도 했다.

이렇게 불면증에 시달리자 위궤양까지 생겼다. 갑자기 속이 불편해서 잠에서 깨거나 딸꾹질을 하는 일이 잦아졌다. 수면의 질은 더욱 떨어졌다. 병원에서 진료를 받아보니 위에 궤양이 생겼다고 했다. 약을 복용하고 몇 개월이 지나자 위궤양과 딸꾹질은 호전되었다. 하지만 불면증, 초조함, 두통은 나아지지 않았다. 장리는 어떤 때는 신경이 날카로워져서 직장에서 부하직원들이 저지른 작은 실수에도 크게 화를 내고 호통을 쳤다.

본능적인 두려움과 바로 마주하라

대다수의 사람들이 장리와 같은 불안장애를 경험한다. 미래의 일을 걱정하는 사람은 뜻밖의 좋지 않은 상황이 나타나지 않을까 불안해하고 걱정한다. 이는 미래에 대한 자신감이 부족한 것으로 본능적인 두려움이다. 과거의 일을 생각하며 불안해하고 괴로워한다면 그건 지난 일에 대한 이해득실에 집착하기 때문이다. 만약 진행 중인 일을 걱정하는 것이라면 그것은 일반적인 걱정이다. 일상생활에서 누구에게나 일어나는 정상적인 심리현상일 뿐이다. 증상이 경미하다면 본인 스스로 마음을 편히 갖거나 친구에게 마음을 털어놓음으로써 완화될 수 있다. 반면 증상이 심각하다면 정신과 의사의 도움을 받아야 한다.

미국 심리학자 줄리안 세이어Julian Thayer는 이렇게 말했다. "인간은 아무런 도움도 되지 않는 '과도한 생각'에 빠지기 쉽다. 인간의 뇌가 위대한 문명을 건설했다고 해서 무엇에든 적응하는 것은 아니다. 왜냐하면 인간은 본래 아무런 위협도 되지 않는 생각의 늪에 빠질 수 있기 때문이다."

최근 연구결과에 따르면 과도한 생각에 빠진 사람들은 일반적으로 혈압이나 심장박동이 정상적인 사람보다 높고 면역력이 비교적 약하며 심장에 부담을 가중하고 수명을 감소시키는 스트레스 호르몬을 대량으로 분비하는 경향이 있다. 중국의 고대 의학이론서인《황제내경黃帝內經》에는 '생각은 비장을 상하게 한다'라는 구절이 있다. 중의학은 인간의 모든 감정이 내장기관에 영향을 미쳐서 기와 혈의 운행에 문제를 일으킬 수 있다고 본다. 생각이 지나치게 많은 사람은 신경계통의 기능에 문제가 생기거나 소화액 분비가 감소해서 식욕이 떨어지고 얼굴이 초췌해지고 마음이 답답하고 괴로운 증상이 나타나기 쉽다.

아무리 고민해도 답을 찾기 어려운 일을 만났다면 그 일에 마음을 쓰지 않는 것이 좋다. 생각을 많이 할수록 마음이 답답해져서 결국 자신만 괴로워지기 때문이다. 우리 삶에서는 결코 모든 일이 순조로울 수 없다. 때문에 가능한 한 마음을 넓게 가지는 것이 심신의 건강에 유익하다. 자신의 능력이 닿는 일이라면 최선을 다해야겠지만, 그렇지 않은 일이라면 종일 고민해도 헛수고일 뿐이다. 한 가지 유념할 것은 규칙적으로 생활하고 충분한 수면을 취해야 한다는 것이다. 아무리 바쁘더라도 규칙적으로 운동해야 한다. 또 마음을 안정시키는 데 효과가 있는 음식을 섭취해서 마음은 물론 몸에 이르기까지 전면적이고 적절한 관리가 필요하다.

02

당신은 꾸물거리는 사람입니까?

– 미루기병이 건강의 적신호로 이어지기까지

어느 회사원이 말했다. "출장이 일주일 전에 잡혀서 준비할 시간이 넉넉했는데도 해야 할 일에 손도 안 대고 있다가 출발하기 직전에야 밤새워 겨우 끝냈어요. 조마조마하던 마음을 겨우 내려놓을 수 있었죠."

어느 중학생의 이야기다. "숙제를 내일, 모레 심지어 다음 주로 미루게 돼요. 선생님이 검사한다고 하면 그때서야 부리나케 몇 자 적어서 낼 때도 있어요."

어느 회사의 홍보실장은 이렇게 말했다. "기존의 광고 계약이 조만간 종료되기 때문에 새로운 광고주와 사전에 연락을 해야 하는데, 해야 할 일이 많다는 것은 잘 알고 있는데도 상사가 독촉할 때까지 행동으로 잘 옮겨지지 않습니다.”

학생이든 교사이든, 평직원이든 관리자이든 너무나 많은 사람들이 공부, 일, 치료, 친구 모임을 비롯한 모든 일을 마지막 순간까지 미룬다. 꾸물거리고 미루는 습관은 병은 아니지만 우리 생활을 눈에 띄지 않게 바꾼다. 생활의 리듬이 빠르고 스트레스가 많은 현대사회에서 미루는 습관은 효율성을 떨어뜨리는 방해물이 되었다.

치리는 회사의 마케팅부에서 상품의 전시와 판촉행사를 책임지고 있어서 매일 분주하게 생활한다. 다른 사람이 보기에 그녀는 맡은 일을 신속하고 깔끔하게 처리하고 위기의 순간이 닥쳐도 흔들림 없이 문제를 해결하는 능력자다. 하지만 자신이 맡은 업무를 바로 끝내지 않고 더는 미룰 수 없을 때가 닥쳐서야 행동에 나선다는 사실을 치리 본인은 잘 알고 있다.

지난달 회사에서는 국경절 연휴에 북부지역에 대대적인 판촉행사를 열기로 하고 관련 업무를 치리에게 맡겼다. 팀장은 그녀에게 주의사항을 알려준 뒤 열흘 안에 필요한 준비를 마치도록 요구했다. 일주일이라는 시간이 눈 깜짝할 새에 지나갔지만 치리는 여전히 일에 집중하지 못하고 있었다. 하루하루 시간은 다가오는데 일에 대한 열정을 찾지 못한 채 SNS 업데이트에 눈을 떼지 못하거나 괜히 사무실을 빈둥거리며 돌아다녔다. 매일 저녁 퇴근할 때마다 그녀는 자책했다. “이렇게 시간을 낭비하면 안 돼." 하지만 다음날에도 상황은 바뀌지 않았다.

행사까지 사흘밖에 남지 않았을 때 그녀는 북부지역에 있는 대형 쇼핑몰과 연락을 취했다. 그리고 행사 장소를 정하고 필요한 상품을 확보하고 행사에 나갈 인력을 배치했다. 사흘 동안 정신없이 뛰어다닌 덕분에 행사 전날에서야 부랴부랴 모든 준비를 끝낼 수 있었다. 동료들은 이번에도 그녀가 탁월한 능력을 발휘해서 대규모 행사를 수월하게 끝냈다고 여겼다. 하지만 지난 며칠 얼마나 애를 태웠는지는 오로지 치리 자신만 알았다.

금연, 운동, 다이어트에 성공하려면

해야 할 일을 꾸물거리고 미루는 습관을 요즘에는 '미루기병'으로 부르기도 한다. 미루는 습관이 있다고 해서 모두가 '미루기병'은 아니다. 해야 할 일을 미룸으로써 정서에 영향을 주는 경우에 한하는데, 당사자가 자책하고 죄책감을 느끼고 끊임없이 자신을 부정하고 비하하며 초조감과 함께 강박행동이 동반될 때 '미루기병'이라고 부른다. 미루기병은 아직까지 정신의학상의 질병으로 인정되지 않았고 미루기병이 있는 대부분의 사람들도 심리적인 문제에까지 이르지는 않았다. 그러나 할 일을 미루는 것은 좋지 않은 습관이고 신체의 건강과 정상적인 생활에 부정적인 영향을 끼친다.

심리학자는 미루는 습관이 건강에 끼치는 영향을 파악하는 진단방법을 연구했다. 연구자는 학생들에게 표를 나누어주고 논문 한편을 숙제로 제시했다. 학생들은 논문을 작성하는 동시에 학기초와 학기말로 나누어 자신이 어떤 질병에 걸렸고 신체 어느 부위가 불편한지 각자의 건강상태를 표에 기록했다.

연구결과에 따르면 학기초에는 미루는 습관을 가진 학생들의 건강상태가 그렇지 않은 학생들에 비해 다소 떨어졌지만 학기말이 되자 그 차이는 현격하게 커졌다. 미루는 습관을 가진 대부분의 학생들에게서 수면장애, 위장질환, 감기 등의 증상이 나타났다.

조사결과에 따르면 미루는 습관이 없는 학생들은 해야 할 일이 있으면 최단시간에 그 일을 끝낸다. 그래서 그들은 학기초 일정 기간 동안 초조감, 긴장감 등을 보였다. 미루는 습관을 가진 학생들은 스트레스를 피하기 위해 논문과제를 학기말까지 미룬다. 그러면서 더 큰 시간적 압박을 견뎌야 했고 과제를 하더라도 실수를 저지를 확률은 커지지만 이를 수정할 기회는 점점 줄어들었다. 그와 동시에 더 많은 신체적 질환이 생겼다.

한편 독일의 심리학 연구에 따르면 일을 미루는 사람들은 그렇지 않은 사람들에 비해 자율성이 떨어지고 늦게 자는 습관이 있으며 담배나 술을 절제하지 못한다고 한다. 금연, 운동, 다이어트를 결심하더라도 실제적인 행동으로 옮기지 못하는 경우가 많다.

미루는 습관이 오래 이어지는 것은 잠재적인 건강의 적신호다. 왜냐하면 일을 미루는 사람들은 건강검진과 질병을 치료하는 골든타임을 자주 놓치기 때문이다.

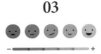

분노의 못을 하나씩 빼내는 방법

– 분노조절장애 감정 조절법

하버드대학의 한 교수에게 아들이 한 명 있었다. 아들은 감정을 조절하지 못해서 걸핏하면 아무 이유 없이 화를 냈다. 어느 날 교수는 아들에게 못이 가득 담긴 자루 하나를 주며 매일 화가 날 때마다 울타리에 못 하나를 박도록 했다.

첫날 아들은 울타리에 서른일곱 개의 못을 박았다. 그리고 아들은 차츰 마음속 분노를 조절하는 법을 깨우쳐서 몇 주가 지나자 울타리에 박힌 못의 개수가 점점 줄어들었다. 자신의 감정을 조절하는 것이 울타리에 못을 박는 것보다 훨씬 쉽다는 사실을 알게 되자 아들은 함부로 화를 내지 않기로 결심했다.

아들은 자신의 변화를 아버지에게 이야기했다. 그러자 아버지는 이런 제안을 했다. "네가 화를 내지 않고 하루를 보냈다면 그때는 울타리에 박힌 못을 빼내 보거라."

얼마간의 시간이 흐르자 아들은 울타리에 박힌 못을 모두 빼냈다. 아버지는 아들을 데리고 울타리 앞으로 가서 이렇게 말했다. "아들아, 정말 잘했다. 그런데 네가 처음에 박은 못으로 울타리에 생긴 구멍들을 보렴. 울타리는 못에 박히고 나면 예전 상태로 돌아갈 수 없단다. 네가 다른 사람에게 화를 내고 나면 너의 말이 마치 못처럼 사람들의 마음에 상처를 남기는 거야. 칼로 사람을 찌른 뒤 다시 빼낸다고 생각해보렴. 네가 아무리 미안하다고 사과하고 보상해도 상처는 영원히 남는단다."

그후 아들은 그날의 교훈을 기억해서 분노가 치밀어도 참고 다른 사람의 마음에 '못 자국'을 남기지 않도록 노력했다.

분노는 매우 오래된 화제다. 시대와 장소를 막론하고 누구나 화를 내고 분노할 때가 있다. 이때 사람마다 감정을 표현하는 방식이 다르다. 속으로 삭이는 사람이 있는가 하면, 어쩌다 한번 화를 내는 사람이 있고 매일 화가 나 있는 사람도 있다. 또 분노를 억누르지 못해 과격한 행동을 보이는 사람도 있다.

인생에서 희로애락을 피할 수 없다는 말이 있듯이 분노 또한 인간의 감정 중 하나이자 삶의 일부분이다. 살면서 화가 나는 일들은 많다. 아파서 병원을 찾았지만 의사를 만나기까지 한참을 기다려야 할 때가 있고, 지갑을 도둑맞을 때도 있고, 교통체증으로 차 안에서 신호를 기다려야 할 때도 있다. 승객들로 꽉 찬 버스나 지하철을 탈 때가 있고, 낯선 곳에서 길을 엉뚱하게 알려주는 사람을 만날 때도 있다.

화를 내는 이유 어떤 것도 타당하지 않다

벤자민 프랭클린Benjamin Franklin은 "화를 낼 때는 그럴 만한 이유가 있기 때문이다. 하지만 어떤 이유도 타당하지 않다"라고 말했다. 화를 내는 것은 생활 속의 어떤 일이 심리적인 한계선을 건드렸기 때문이다. 이 한계선은 생활 속에서 자신을 화나게 한 다른 일과 같이 작용해서 만들어진다. 현재 일어난 일이 예전에 자신을 화나게 만들었던 일과 비슷해 화를 내기도 하고, 불쾌했던 지난 일이 생각나서 화를 내기도 한다. 어떤 일에 자극을 받아 마치 몸속에 있는 폭탄이 폭발하듯 '펑'하는 소리와 함께 폭탄의 파편이 마음속 민감한 부분을 찔러서 그동안 숨겨왔던 오래된 분노가 터지는 것이다.

간혹 화를 내면 눌린 감정과 긴장된 마음이 누그러진다. 누구나 살면서 유쾌하지 않은 일을 만나기 마련이다. 그런데 장기간 부정적인 정서를 마음속에 억누르면 분노의 에너지가 자신을 향해 쏟아져서 스스로에게 아주 큰 상처를 입힌다. 그러나 과도한 분노 역시 해로워서 건강은 물론 일에까지 부정적인 영향을 준다.

통계에 따르면 자주 화를 내는 사람의 평균수명이 그렇지 않은 사람보다 10~20년 짧다. 화를 내는 것은 인간관계 외에 건강에도 영향을 준다. 화를 잘 내는 사람은 정서적인 스트레스를 받아서 자율신경이 늘 긴장해있다. 이는 장기의 기능에 영향을 주어 천식, 두통, 수면장애와 위통 등의 증상으로 나타난다. 사람은 화를 낼 때 아드레날린 분비가 빨라지고 혈액 속의 콜레스테롤 수치도 증가하여 혈압이 상승하고 심장부하를 가중시킨다. 이런 상황이 장기화되면 관상동맥성 심장질환, 중풍, 심근경색 등 여러 질병을 유발할 수도 있다.

분노는 사실 조절이 가능하다. 분노는 아무 이유 없이 생기지 않고 독립해서 존재하는 것도 아니다. 그것은 필연적으로 두려움, 불안, 원망 등과 같은 정서 때문에 일어난다. 화가 난다고 해서 속에 있는 말을 그대로 내뱉지 말고 자신이 화를 내는 원인을 캐내어보자.

분노와 공격적 행동을 동일시하는 사람이 있는데 그것은 오해다. 공격적 행동은 타인에게 해를 입히지만 모든 공격적 행동의 원인이 분노는 아니다. 분노는 경미하게 잠깐 화를 내는 것일 수도 있고 걷잡을 수 없는 격노가 될 수도 있다. 그러므로 가능하다면 분노의 정도를 낮춰야 한다.

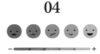

04

외상 후 스트레스를 극복하려면

– 상처받은 영혼과 마주하기

올해 서른여섯 살인 장강은 1년 전 남편과 이혼했다. 막 이혼한 뒤 몇 개월 동안 그녀는 매일 밤 악몽을 꾸었다. 꿈에서 전 남편은 집안의 가재도구를 부수고 마구잡이로 때리며 큰소리로 이렇게 위협했다. "감히 나와 이혼을 하겠다고? 내가 너와 너의 가족 모두 죽이겠어."

장강은 결혼생활 10년 동안 가정폭력의 고통 속에 살았다. 남편은 실직한 이후로 계속 집에서 놀며 술과 도박으로 시간을 보냈다. 두 사람은 이 일로 자주 다퉜고 심할 때는 치고받고 싸웠다. 그럴 때마다 장강의 얼굴은 멍으로 퉁퉁 부어서 사람들 앞에서 고개도 들지 못했다.

장강은 이혼을 요구했지만 남편이 받아들이지 않자 법원에 이혼소송을 냈다. 장강이 이혼하자는 말을 꺼낸 다음부터 남편의 구타가 전보다 더 심해졌다. 정식으로 이혼하기 전 1년 동안 장강은 종일 마음이 불안했고 남편을 만나게 될까 봐 겁이 나서 집에 혼자 있지 못했다. 잠에서 깨고 나면 가슴이 무언가에 눌린 듯 답답하고 온몸에 식은땀이 나며 손발이 차가운 증상이 자주 나타났다. 가족들과 함께 있을 때 말도 잘하고 잘 웃던 그녀였지만 차츰 말수가 적어지고 사람들을 기피했다. 나아가 심각한 우울증 증세까지 보였다.

장강은 변호사의 도움으로 이혼소송을 끝내고 친정으로 돌아가 부모와 함께 지냈다. 시간이 흐르면서 그녀는 조금씩 새로운 생활에 적응해갔고 정서도 안정되었다.

그러던 어느 날 장강은 우연히 길에서 전남편을 보았다. 비록 멀리서 바라보았지만 여전히 마음속에서 일어나는 공포를 누르기 어려웠고 그날부터 다시 불안한 나날을 보냈다. 잠이 들면 악몽을 꿨는데 매번 전남편이 나타나 그녀를 무자비하게 때렸다.

장강의 증상은 전형적인 '외상 후 스트레스장애'다. 이것은 PTSD Post-Traumatic Stress Disorder라고도 하며 전쟁이나 재난, 혹은 신체 손상이나 생명을 위협하는 사건을 보거나 직접 겪은 뒤 일정한 시간이 경과된 후 나타나며 장기적으로 지속되는 불안장애를 가리킨다. 환자는 고통스러운 기억이 재현되는 꿈을 자주 꾸고 현실에서 자신이 겪은 사건에 대해 이야기하거나 당시의 상황과 접촉하는 것을 극도로 피하며 사회적으로 위축된 행동을 보인다. 사건 당시의 자극이 다시금 나타날 때 환자는 긴장하고 초조해하며 잠을 이루지 못하는데, 이는 마치 당시의 상황으로 돌아간 것처럼 느끼기 때문이다. 심각한 경우에는 자책, 죄책감을 느끼고 심지어 자살 등의 극단적인 행동을 보이기도 한다.

심리적 위기감이 주는 지속적이고 심각한 고통

세계보건기구의 전문가는 이런 말을 했다. "어떤 재난도 심리적 위기감만큼 사람에게 지속적이고 심각한 고통을 주지 못한다." 신체의 외상도 정신적 손상을 불러일으키지만 심리적 위기감에서 오는 외상은 강도가 크고 매우 오랫동안 지속된다. 정신적 외상은 전쟁, 동란, 수용소 생활, 학대, 2004년 인도양 쓰나미와 2008년 중국 원촨 대지진과 같은 자연재해 등 대부분 심각한 사건을 겪은 뒤 일어나는 경우가 많다.

원촨 대지진에서 살아남은 한 남자아이는 줄곧 학교에 가지 못했다. 건물이 무너진 학교 옆을 지나칠 때도 남자아이는 온몸을 바르르 떨고 식은땀을 흘렸다.

지진이 일어나던 날에 아이는 학교 교문 앞에서 당번을 서고 있었다. 그런데 갑자기 수십 명의 학생들이 학교 건물에서 뛰어나오며 큰소리로 외쳤다. "지진이다, 지진이 났어, 빨리 도망쳐!"

남자아이는 죽을힘을 다해 뛰었다. 그렇게 뛰다 보니 옆에 있던 친구들이 하나둘 보이지 않았다. 돌아보니 뒤처져서 뛰어오던 친구들이 무너져 내린 건물에 깔렸다.

지진 이후 여러 날이 지났지만 남자아이는 한 번도 학교에 가지 않았다. 그의 집이 학교로부터 100미터밖에 떨어져 있지 않았는데도 남자아이는 학교 근처에는 발을 디디지도 못했다. 그뿐만이 아니었다. 밤에 잠을 잘 때 얼굴이 온통 땀에 젖은 채 꿈에서 깰 때가 많았다.

남자아이는 심리치료를 받은 뒤에도 속마음을 말하려 하지 않았다. 심리치료사는 이틀 동안 아이와 함께 시간을 보내며 남자아이가 당시 상황에 대해 이야기하도록 유도했다. 남자아이는 서서히 자신이 기억하는 상황에 대해 이야기하기 시작했고 말하는 속도도 정상으로 돌아왔다.

2주 동안의 심리치료를 끝낸 뒤 심리치료사가 아이에게 물었다. "지금도 지진이 무섭니?" 남자아이는 조심스럽게 대답했다. "아니요, 지금 살고 있는 텐트는 안전하니까요."

임상심리학 연구에 따르면 지진을 겪은 뒤 외상 후 스트레스 장애를 겪는 사람에게는 공포, 초조, 우울, 절망과 같은 심리현상이 차례로 일어난다고 한다. 만약 서둘러서 치료받지 않으면 공포감, 초조 등이 일어날 확률이 높아지며 그중 어떤 사람들은 평생 끔찍한 사건의 그림자에서 벗어나지 못한다.

05

죽음의 신에게 붙들린 사람
– 자살에 관한 철학적 고찰

"아빠, 죽는 게 어려운가요?"

"아니, 아빠 생각에는 죽는 것은 쉽단다. 상황에 따라 다르겠지만 말이다."

헤밍웨이는 1925년에 출간된 《인디언 부락》에서 처음으로 죽음을 언급했다. 그는 예순 한 살이 된 해인 1961년에 자살했다.

존재주의 철학자 카뮈는 그의 작품 《시시포스의 신화》에서 죽음에 대해 이렇게 분명하게 지적했다. "철학의 문제 중 자살만이 진지한 문제다. 생이 살아갈 만한지 판단하는 것 그 자체가 철학의 근본적 물음에 답하는 것이다."

사람이 스스로에게 '나는 누구인가', '나는 어디에서 왔는가',

'나는 어디로 가야 하는가'라고 묻기보다는 자신이 계속 살아가야 할지 여부를 판단하는 것이 더 낫다. 다른 어떤 철학적 문제보다 죽음의 문제가 더 절실하고 중대하다.

그리스 신화에서 시시포스는 제우스를 속인 죄로 매일 커다란 바위를 산꼭대기까지 밀어 올려야 하는 벌을 받았다.

시시포스는 바위를 힘겹게 산꼭대기까지 올려놓은 뒤 집으로 돌아가서 쉬려고 하지만 바위는 다시 산 아래로 굴러떨어졌다. 그래서 그는 다시 바위를 산꼭대기까지 밀어 올려야 했다.

영원한 실패자가 되는 것, 그것이 제우스가 그에게 내린 벌이다. 신들은 이처럼 헛되고 힘든 노동을 끝없이 되풀이 하는 것이야말로 가장 혹독한 벌이라고 생각했다. 그래서 시시포스를 실패한 운명 속에서 영원히 고통받게 했다.

누군가 시시포스에게 이 헛된 수고를 그만두라고 종용했지만 시시포스는 결코 패배를 인정하지 않았다. 그는 매일 바위를 밀어 올렸고 바위가 굴러떨어지면 산을 내려가서 다시 바위를 밀어 올렸다. 이유는 간단했다. 바위를 밀어 올리는 한, 이기지는 못할지언정 적어도 패배하지는 않는다. 바위를 밀지 않는다는 것은 곧 패배를 의미했다.

시시포스는 결코 굴복하지 않았고 포기하지 않았다. 그는 절망하지 않고 고통과 수고로움을 견뎠고 마침내 모든 신들과 싸워 이기고 영웅이 되었다.

정말 사는 것이 죽는 것만 못할까?

사람의 인생과 시시포스의 운명은 어떤 면에서 매우 비슷하다. 모든 사람은 세상에 태어나는 그 순간 사망을 선고받는다. 자살하는 사람은 절망적인 상황을 두고 '까짓것, 죽으면 그만이지'라고 생각한다. 시시포스처럼 '살아간다고 해서 꼭 이기는 것은 아니지만 죽는 것은 곧 패배다'라고 생각하지 않는다.

일반적으로 두 가지 상황에 처할 때 사람은 자살을 고민한다. 첫 번째는 전쟁에서 패배한 장수가 자신의 목숨을 바쳐 절개를 지키듯 막다른 골목에 처했을 때다. 두 번째는 자신이 처한 상황을 정확히 파악하지 못한 경우다. 자살을 생각하는 사람들은 자신이 이미 가망이 없으며 사는 것이 죽는 것만 못하다고 여기고 해탈의 방법으로 자살을 선택한다. 그런데 정말로 '사는 것이 죽는 것만 못'할까?

독일 철학자 쇼펜하우어는 '비관적인 철학자'로 불린다. 그는 철학적 분석방법으로 자살의 의미와 가치를 반박했다. 자살하려는 사람은 '사는 것이 죽는 것만 못하다'는 생각을 하는데 그런 생각이 희망을 잃은 사람들을 막다른 길로 몰고 간다. 그러나 '사는 것이 죽는 것만 못하다'는 명제는 '죽고 난 뒤가 살았을 때보다 더 낫다'라는 명제를 전제로 한다. 문제는 사람이 죽고 나면 철학을 포함한 모든 것이 무의미해진다. 그렇다면 '사는 것이 죽는 것만 못하다'의 전제는 아예 존재하지 않는다.

인생의 의미를 논하려면 '살아있는' 상황에서 고민해야 한다. 인생에 의미가 없다면 아무것도 고민할 필요가 없다. 문제는 의미가 없으면 자살을 해도 되는가다. 자살이 '무의미'를 '유의미'로 바꿀 수 있는가? 카뮈는 오히려 그 반대로 보았다. 자살은 도피일 뿐만 아니라 오해다. 삶이 정말 의미 없다고 하더라도 죽음이 의미 있다는 것을 누가 증명할 수 있단 말인가!

현대인은 죽음을 두려워한다. 그런데 죽음의 본질은 '우리가 살아있다는 것은 죽음이 아직 찾아오지 않았다는 것이고, 죽음이 찾아왔을 때 우리는 이미 이 세상에 없다'는 것이다.

사람은 태어나는 순간부터 사망을 선고받았고 사망은 인간의 운명이자 최종 목적지다. 일반적인 경우라면 죽음이 자신에게 언제 찾아올지 아무도 모른다. 죽음은 누구도 피할 수 없다. 다만 유한한 생명으로 어떻게 무한한 사망을 대항할 것인지가 문제다. 햄릿의 유명한 독백이 생각나는 대목이다.

"To be or not to be, That is the question."

카뮈는 이렇게 말했다. "시시포스는 최고의 경건이란 신을 부정하고 바위를 옮기는 것임을 우리에게 말해주고 있다. 이로써 주재자가 없는 세상은 그에게 있어 황량한 사막도 아니고 비옥한 땅도 아니다. 바위 위 모든 알갱이, 거무칙칙한 산의 모든 돌가루만이 시시포스에게 하나의 세계를 이룬다. 그가 산꼭대기로 바위를 밀어 올리는 투쟁 그 자체만으로 사람의 마음을 벅차게 만든다. 그렇기 때문에 시시포스는 행복하다고 보아야 한다."

이것이 바로 우리의 인생이 아니겠는가? 당신이 살고 있는 세계, 이 세계의 빛 혹은 어두움이 당신에게 의미가 된다. 당신의 삶이 그곳에 있고 당신의 죽음 또한 그곳에 있다. 이 세계와의 투쟁만이 의미 있는 것이고 모든 사람의 삶의 의미가 바로 거기에 있다. 존재해야만 의미가 있다. 존재 자체가 사라지면 의미도 사라진다.

암에 걸릴 확률이 높은
성격 유형

1950년대에 메이어 프리드먼Meyer Friedman 등의 심장학자들은 특정 유형의 성격과 질병의 발생 가능성 사이에 밀접한 관계가 있으며 특히 관상동맥질환의 발생 확률이 매우 높다고 밝혔다. 프리드먼은 이런 종류의 성격을 A형 행동양상이라고 정의했다. 이후의 연구자들은 프리드먼의 연구 성과를 기초로 해서 A형과 B형 두 가지 행동양상으로 구분했다.

A형은 극단적인 승부욕, 공격성, 인내심 결핍, 조급함과 함께 주변 환경에 대한 적의를 특징으로 한다. 이런 유형의 성격을 가진 사람은 삶의 여러 방면에서 불만을 느끼며 개인의 힘으로 현재의 상태를 바꾸려는 당찬 생각을 가지고 있다. 한편 B형 성격은 A형과 반대다. 그들은 어떤 환경에도 잘 적응하고 만족하며 늘 마음 상태가 안정적이고 경쟁을 꺼리며 타인에 대해 적의를 느끼지 않는다. 가장 중요한 것은 B형에 속하는 사람이 병에 걸릴 확률이 A형에 속하는 사람보다 현저히 낮다는 것이다

게리 스완Gary E. Swan과 도리트 카멜리Dorit Carmelli는 1996년에 실시

한 연구에서 A형 행동양상 중 가장 위험한 요소를 '적의'라고 밝혔다. 주변 환경과 자신이 속한 그룹에 대해 적의를 느끼는 사람은 언제나 고도의 생리적인 각성 상태에 놓여 있어서 각종 질병에 걸리기 쉽다. 적의를 가진 사람은 불량한 행동습관이 있고 사람들을 기피하고 사회적 지지를 외면해서 고립무원의 심리적인 곤경에 처하는 경우가 많다.

그 밖에 한스 아이젠크Hans Eysenck와 리디아 테모쇼크Lydia Temoshok 등은 제3의 행동양상을 발견했는데 이를 가리켜 C형 행동양상이라고 불렀다. C형은 일반적으로 선량함, 인내심, 자발적인 협동심과 자기희생을 보이는 특징이 있다. C형은 지나치게 참고 견디고 혼자서 울분을 삼키는 등 부정적인 요소가 있기 때문에 이런 사람들이 암에 걸린 확률이 다른 사람에 비해 훨씬 높다. 여기서 C란 바로 암을 가리키는 'Cancer'에서 유래한 것이다.

수잔 세거스트롬Suzanne C. Segerstrom과 크리스토퍼 피터슨Christopher Peterson은 1998년의 연구에서 낙관적인 사람이 대부분 건강하고 질병에 걸리는 확률이 적다고 밝혔다. 암에 걸렸더라도 낙관적인 사람은 인생의 여정을 더 멀리 갈 수 있다.

3

좋은 습관을
만들고 싶을 때
바로 써먹는 심리학

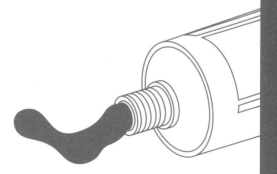

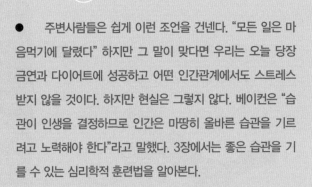

● 　주변사람들은 쉽게 이런 조언을 건넨다. "모든 일은 마음먹기에 달렸다" 하지만 그 말이 맞다면 우리는 오늘 당장 금연과 다이어트에 성공하고 어떤 인간관계에서도 스트레스 받지 않을 것이다. 하지만 현실은 그렇지 않다. 베이컨은 "습관이 인생을 결정하므로 인간은 마땅히 올바른 습관을 기르려고 노력해야 한다"라고 말했다. 3장에서는 좋은 습관을 기를 수 있는 심리학적 훈련법을 알아본다.

01

특정한 사물에 공포를 느낀다면

– 파블로프의 개와 조건반사

병원에 가면 소독약 냄새 때문에 온몸이 긴장되고 손발이 움찔한다면? 의사의 흰 가운만 보면 공포를 느끼고 왠지 도망가고 싶은 마음이 든다면? 만약 그렇다면 아마도 병원 냄새와 의사 가운이 과거 무섭고 괴로웠던 진료 경험을 연상시켜서 조건반사를 일으킨 것이다.

당신은 올림픽경기 시상식에서 애국가가 울려 퍼지면 흥분되고 심지어 메달을 받는 선수를 따라 눈물을 흘린 적이 있는가? 이런 경험은 누구든 있을 것이다. 그러나 미국 국가가 연주될 때는 그런 반응이 일어나지 않는다. 많은 사람이 자신이 속한 나라의 국가를 들으면 애국심이 솟아나고 국가의 역사와 자신의 사명감을 함께 생각하게 되는데 이것은 어릴 때부터 학습된 조건 반사의 결과다.

풍선을 불 때를 생각해보자. 풍선의 크기가 점점 커질수록 당신은 눈을 가늘게 뜨고 온 신경이 예민하게 곤두설 것이다. 풍선의 팽창과 그것이 일정한 한도를 넘어서면 '펑'하고 터지는 소리를 떠올렸기 때문인데 이 역시 일종의 조건반사다.

위에서 예로 든 조건반사는 생활 속에서 흔히 볼 수 있으며 인간의 행동에 영향을 끼치는 조건반사 중 가장 일반적인 경우이기도 하다.

조건반사 연구는 100여 년 전 파블로프의 실험으로 거슬러 올라간다. 파블로프의 조건반사 실험은 심리학에서 고전에 속하는 실험이며 후대 심리학 발전에 길잡이 역할을 했다. 하지만 파블로프는 심리학자가 아니라 생리학자였다. 그가 소화기계통을 연구해서 노벨상을 받았을 때만 해도 심리학은 과학의 한 분야로 자리를 잡은 지 얼마 되지 않아 학계에서 인정을 받지 못했다.

파블로프가 연구하며 남긴 기록에 다음과 같은 내용이 있다. "심리학을 응용하는 것은 우리의 연구라는 상층건물을 그다지 정확하지 않은 이 학문 위에 쌓아올리는 것과 같다. 심리학이 자연과학인지 혹은 과학으로 볼 수 있는지조차 숙고할 만한 문제다."

다행히도 파블로프는 모험을 선택했고 그의 연구는 생리학에서 심리학으로 방향을 전환했다. 이는 파블로프 개인에게 도전이었지만 심리학의 발전에 있어서는 결정적인 전환점이 되었다. 이제 자동으로 침을 흘리는 파블로프의 개를 만나보자.

풀리지 않던 문제의 답을 찾다

개에게 일반적인 그릇과 종을 보여주면 아무런 반응도 보이지 않는다. 이것들은 개에게 '중성자극'이기 때문이다. 만약 이 물건들이 먹이와 관계를 맺는다면 개의 반응은 완전히 달라진다. 많은 사람들이 아는 것처럼 먹이는 동물의 침샘을 자극한다. 그래서 파블로프는 먹이와 종을 짝지어 개가 침을 흘리는 반응을 관찰했다.

실험자가 개를 향해 종을 쳤을 때 개는 아무 반응도 없었다. 실험자가 개를 향해 종을 치고 곧바로 먹이를 가져다주자 개는 침을 흘렸다. 그래서 파블로프는 이 실험을 여러 번 반복했다. 나중에 먹이를 치우고 종소리만 들려줘도 개는 침을 흘렸다. '종소리 – 먹이 – 개'라는 조합을 통해 조건반사가 형성된 것이다.

그 외에도 파블로프는 방울, 호루라기, 소리굽쇠 등의 소리를 중성자극으로 삼아서 실험했는데 개는 이 모든 소리에 반응해 침을 흘렸다. 이번에는 시각조건을 중성자극으로 삼아 실험했다. 실험자가 먹이를 주기 전에 한 가지 물체를 회전시킨 뒤 먹이를 주었다. 이 과정을 여러 차례 반복하니 '물체 – 먹이 – 개'의 조합이 형성되어 개에게서 조건반사가 일어났다.

파블로프가 처음 이 실험을 계획한 것은 단순히 '침의 소화작용'을 연구하기 위해서였지, 중성자극과 반응 사이의 관계를 연구하려는 목적이 아니었다. 그런데 실험결과는 인간행동의 여러 측면을 설명해주었다. 예를 들어 공포증의 원인은 무엇인가, 광고는 어떤 작용을 하는가, 특정한 음식 혹은 사람을 싫어하는 이유는 무엇인가, 곰 인형을 쓰다듬으며 잠을 자는 이유는 무엇인가 등 조건반사를 생활 속에 응용하면 오랫동안 풀리지 않던 문제의 답을 찾을 수 있다.

양을 잡아먹는 늑대 문제도 바로 이 조건반사를 응용해서 해결되었다.

1970년대 미국의 목장주들에게 늑대들은 가장 큰 골칫거리였다. 늑대들이 양들을 잡아먹어서 목장주는 경영상 큰 타격을 입고 있었다. 목장주는 처음에 주변에 서식하는 늑대를 먼 곳으로 쫓아내거나 사냥하는 방법을 썼다. 이런 방법은 자연생태계의 균형을 깨뜨렸지만 다른 방법이 없었다. 그런데 사람들이 파블로프의 조건반사 원리를 응용하자 이 문제는 평화적으로 해결되었다.

목장주는 늑대에게 '특수 처리한' 양고기를 내주었다. 이 양고기 안에는 소량의 염화리튬이라는 저독성의 무기화합물이 주입되었다. 동물이 이것을 섭취하면 머리가 어지럽고 속이 메스껍고 토하는 등의 이상증상이 나타난다. 이 증상이 사라지고 난 뒤에도 굶주린 늑대들은 여전히 이 특수 처리를 거친 양고기를 먹었고 이후 몸에 이상증상이 반복되어 나타났다. 염화리튬이 든 양고기와 늑대의 몸에 조건반사가 형성되어 나중에는 목장주가 늑대를 양떼 가운데 들여보내도 양의 몸에서 나는 염화리튬 냄새를 맡기만 하면 늑대는 자동으로 양떼로부터 멀리 달아났다.

만약 개구리나 거미와 같은 작은 동물을 겁내는 사람이 있다면 조건반사의 원리를 이용해서 더 이상 겁내지 않게 바꿀 수 있다. 개구리가 든 유리상자를 TV 옆에 두고 코미디나 예능 프로그램을 시청할 때마다 개구리를 보거나 만지면 '개구리(거미) – 예능 프로그램 – 웃음소리'의 조합이 하나의 조건반사를 형성한다. 그러면 동물에게서 느꼈던 공포심이 줄어들 것이다. 흥미가 있는 독자라면 손에 들고 있는 책을 내려놓고 직접 시도해보라.

그는 왜 곰인형을 싫어할까?

– 꼬마 앨버트 실험

지커는 심장병을 앓고 있는 젊은이다. 태어날 때부터 몸이 허약해서 성격도 예민하고 행동도 늘 신중하고 조심스러웠다. 그의 심장은 매우 약해서 경미하게 놀라거나 겁에 질린 비명만 듣고도 호흡이 가빠지고 심한 경우 기절할 때도 있었다. 지난주에 그는 마음속의 불안을 이겨내지 못한 나머지 정신을 잃고 병원에 다시 입원했다.

주치의는 그에게서 어떤 이상도 발견하지 못했다. 그의 심장이 약하기는 했지만 정상적으로 기능했다. 그래서 주치의는 지커가 심리적인 문제 때문에 병이 발작하는 것은 아닌지 확인하기 위해 정신과 의사인 장 박사를 불러서 지커와 이야기를 나누게 했다. 장 박사는 당직의사라고 자신을 소개하고 지커의 병실로 갔다. 그때 지커의 어머니는 저녁을 준비하러 집으로 돌아가서 병실에는 지커 혼자 있었다.

장 박사는 자신에 대해 간단히 소개한 뒤 지커에게 말을 걸었다. 장 박사는 몇 가지 질문을 하며 지커가 어린 시절에 관한 이야기는 일부러 피한다는 것을 알아차렸다. 그래서 장 박사는 지커에게 물었다.

"초등학교 다닐 때 누구와 가장 친하게 지냈나요?"

"샤오칭이요. 위앤샤이인가? 기억이 잘 안 나요."

"그 친구들과의 기억 중에서 가장 재미있었던 일을 이야기해 볼래요?"

"제일 친한 친구는 아니었어요. 그냥 같은 반이어서 그렇지 자주 어울리며 지낸 건 아니에요."

지커는 긴장하는 기색이 역력했고 호흡도 가빠졌다.

"그럼 다른 친구들은 어땠어요? 그 친구들하고 사이가 좋았어요?"

그때 지커의 엄마가 병실로 들어왔다. 그녀는 지커를 치료하는 의사들에게 무척 친절했지만 낯선 사람을 보자 대뜸 물었다. "누구시죠? 무슨 일로 내 아들을 찾아오신 거죠?" 상황을 설명하려던 장 박사는 지커의 얼굴이 빨개지면서 무언가 말하고 싶지만 차마 꺼내지 못하고 있음을 알아차렸다. 장 박사가 자신의 신분을 말하려 할 때 지커는 이미 기절해버렸다.

장 박사는 나중에 지커의 어머니와 한 차례 이야기를 나누고 난 뒤 지커의 병이 발작하는 이유를 찾아냈다. 지커의 엄마는 몸이 약한 아들을 늘 걱정했다. 그가 초등학교에 다닐 때 주변 친구들에게 괴롭힘을 당하지 않을지 불안해했다. 지커가 친구를 집에 데리고 온 적이 몇 번 있었는데 그때마다 엄마는 못마땅하게 여겼고 친구들이 사는 곳과 가정환경 등을 꼬치꼬치 캐물었다. 이를 지켜본 지커는 가슴이 답답했고 흥분하게 되면 갑자기 기절할 때도 있었다. 그 후로 지커는 가까이 지내는 친구가 없었고 집에서 친구 얘기도 거의 꺼내지 않았다. 지커는 성인이 된 뒤에도 친구와 관련된 이야기가 나오면 잔뜩 주눅이 들었고 심할 때는 호흡이 곤란해지고 기절했다.

20세기 초의 심리학자가 지커의 사례를 보았다면 프로이트의 정신분석이론으로 그의 증세를 분석해서 그의 행동을 무의식적인 본능과 어린 시절 억눌린 욕망의 충돌로 설명했을 것이다. 1920년대의 심리학자라면 조건반사를 제거함으로써 지커의 문제를 해결하려고 했을 것이다. 당시 심리학자들은 인간이 반응하는 정서는 습득된 것으로 학습과 조건반사의 산물로 보았기 때문이다.

후천적 조건반사가 우리 무의식에 끼치는 영향

행동주의 심리학의 아버지 왓슨은 "내게 열두 명의 건강한 영아와 그들을 기를 특수한 환경을 제공해준다면 그 아기들을 의사, 변호사, 예술가, 사업가 혹은 걸인이나 소매치기 등 어떤 유형의 인물로든 키워내겠다"라며 혁명적인 선언을 했다. 그가 이렇게 호언장담 할 수 있었던 이유는 '꼬마 앨버트' 실험 때문이다.

실험 대상인 앨버트는 당시 생후 9개월 된 아기였다. 앨버트는 태어난 후 돌봐주는 부모가 없어서 줄곧 병원에서 지냈다. 의사와 간호사에 따르면 그는 심리적, 생리적으로 매우 건강했다.

왓슨은 앨버트가 선천적으로 어떤 자극을 두려워하는지 확인하기 위해 아이를 방에 두고 흰쥐, 원숭이, 개, 털이 있는 장난감과 양털 솜을 넣어주었다. 앨버트는 이 물건 모두에 호기심을 보이며 두려움 없이 손으로 건드리고 만졌다. 따라서 이것들은 꼬마 앨버트에게는 '중성자극'이었다.

다음 단계로 왓슨은 앨버트가 큰소리를 무서워하는지 알아보고자 했다. 특히 어린아이들은 큰소리에 놀라 겁을 먹는데 이런 현상은 학습해서 일어나는 반응이 아니라 선천적인 것이다. 실험결과, 꼬마 앨버트는 갑자기 들리는 큰소리에 놀라서 엉엉 울었다. 큰소리가 앨버트에게는 무조건자극이었다.

왓슨은 앨버트에게 중성자극인 양털 솜과 무조건자극인 큰

소리의 공포를 결합하는 실험을 했다. 앨버트가 흰쥐를 보고 만지려고 손을 뻗을 때마다 쇠막대기 소리를 두드려 겁을 주었다. '흰쥐-소리-울음'의 조합을 여러 차례 반복하자 앨버트는 흰쥐만 보아도 겁을 먹고 울음을 터뜨리며 안전한 곳으로 달아났다.

조건반사의 원리를 응용해 앞서 이야기했던 주인공 지커의 심리를 분석할 수 있다. 그는 어릴 때 친구들과 함께 어울리며 즐거운 시간을 보냈다. 하지만 엄마가 친구들을 볼 때마다 경고하거나 혼을 내서 지커는 늘 마음이 불안했고 혈압이 높아졌다. 심지어 심장병까지 발작했다. 친구를 사귈 때마다 엄마가 늘 같은 반응을 보이자 지커는 어린 시절 '친구 – 엄마의 경고 – 정서 불안'이라는 조건반사가 형성된 것이다.

사람들이 하는 많은 행동들이 후천적인 조건반사로 생긴 것이다. 그러나 이러한 조건반사 중에서 심리 발전에 도움을 주는 것도 있고 심리와 행동에 부정적인 영향을 끼치는 것도 있다. 옛날 노래를 들으면 감상에 젖어 눈물을 흘리는 사람이 있고, 봄이 오면 괜히 기분이 좋아지는 사람도 있다. 많은 사람들 앞에 서서 발표하는 것이 끔찍하게 싫은 사람도 있다.

꼬마 앨버트는 심리학 실험의 희생자다. 심리학 연구의 윤리 원칙에 따르면 왓슨은 심리학자로서의 직업윤리를 어겼다. 다만 그가 이 실험을 진행했을 때는 학계에 윤리원칙이 아직 정립되지 않았을 때였다.

후에 왓슨은 조건반사를 제거하는 방법으로 꼬마 앨버트에게서 털이 달린 물건에 대한 두려움을 없애고자 했지만 앨버트는 이미 어느 가정에 입양되어 병원을 떠난 뒤였다. 앨버트는 아마도 평생 털이 달린 물건을 보면 두려움을 느끼고 살았을 것이다. 그가 다섯 살이 되었을 때 생일선물로 누군가 곰 인형을 선물했다면 그는 놀라서 울음을 터뜨렸을 것이다. 파티에 온 사람들 모두 앨버트가 보이는 반응에 의아해했을 것이다. 이 아이는 자라서 성인이 된 뒤에도 자신이 왜 털이 있는 물건을 두려워하는지 이해하지 못할 것이고 생활 속에서 수시로 이런 물건과 부딪힐 때마다 공포를 느껴야 했을 것이다.

03

인싸와 아싸의 심리학
– 우리는 모두 강박증 환자

쉬닝닝은 베이징에서 화장품 세일즈 일을 하고 있다.

닝닝은 평소 밖에 돌아다니기보다 집에서 지내는 것을 좋아한다. 주말이 되어도 특별한 일이 없으면 종일 집에 틀어박혀 있다. 그녀는 작년에 SNS를 시작하고 나서부터 집순이가 되었다. 처음에는 회사에서 잠시 쉴 때만 SNS를 확인했지만 나중에는 한두 시간마다 스마트폰을 꺼내서 SNS를 확인했다. 근무시간일 때는 SNS를 확인하기 위해 화장실에 갔다.

처음 SNS가 유행하기 시작했을 때 닝닝은 SNS를 이용해서 고객에게 매장에 들어온 신상품을 알리면 되겠다고 생각했다. 그랬더니 정말로 닝닝의 판매실적이 눈에 띄게 올랐고 상사로부터 칭찬까지 받았다. 하지만 시간이 지나자 닝닝은 SNS라는 늪에서 헤어 나오지 못하고 있다. 매일 스마트폰 화면만 바라보며 새로운 댓글은 없는지, 자신이 올린 글을 공유한 사람은 없는지 등을 살피느라 시간 가는 줄 모른다. 한 손으로 요리하면서 다른 한 손으로 스마트폰을 확인하다가 그만 뜨거운 프라이팬에 전화기를 빠뜨린 적도 있었다.

요즘 그녀는 10분마다 SNS를 확인하지 않으면 가슴이 답답하고 중요한 소식을 놓치지는 않을까 불안해한다. 새벽 2시가 될 때까지 스마트폰을 손에서 놓지 못한다. 그녀는 친구가 영화를 보자고 하거나 쇼핑을 하자고 불러도 전혀 흥미를 느끼지 못한다. 마지못해 약속 장소에 나가더라도 SNS를 확인하느라 친구 얼굴은 볼 틈도 없다.

이런 생활이 1년이나 넘게 이어지자 닝닝은 종일 활력 없이 지냈다. 자신의 생활이 갈수록 엉망이 되자 그녀는 미쳐버릴 것만 같았다. 그녀를 보다 못한 친구들이 의사를 만나보라고 권하여 결국 정신과 의사를 찾아갔다. 의사는 이렇게 말했다. "환자분은 이미 경미한 강박증과 수면장애 증상을 보이고 있습니다. 현실세계로 돌아와서 친구들과 자주 어울리도록 하세요. 근무할 때는 고객들과 직접 이야기를 나누시고 SNS에 접속하는 시간을 줄이세요."

SNS를 확인하느라 밤잠을 설친다면

최근 많은 사람들이 쉬닝닝처럼 수시로 SNS를 확인하느라 손에서 스마트폰을 떼지 못한다. 심한 경우에는 강박증상까지 보이는 사람도 있다. SNS를 확인하지 않으면 밥도 먹고 싶지 않고 잠도 제대로 못 잔다. 외출할 때 깜빡하고 스마트폰을 놓고 오면 마음이 불안하고 무엇을 하든 흥미를 느끼지 못한다. 어떤 네티즌은 자신의 SNS에 이런 글을 남겼다. "SNS를 확인하는 일이 잠자기 전에 꼭 해야 할 일이 되고 말았다. 어떡하지? 이제 SNS 없이는 살 수가 없어!"

우리는 '나와 세계를 동기화'시켜주는 SNS 시대에서 순간순간 올라오는 엄청난 양의 정보를 누리며 살고 있다. SNS를 통해 동남아 지역의 태풍강타, 미국대선 결과, 북극 빙하의 감소 등 최신 뉴스를 실시간으로 접할 수 있다.

누구나 최신 뉴스를 가장 빠른 시간에 얻을 수 있게 되자 사람들은 시류에 뒤처지지 않는 '인싸insider'가 되기 위해 수시로 최신 뉴스를 확인할 수밖에 없는 상황이 되었다. 어느 유명인의 이혼 소식을 다른 사람은 모두 알고 있는데 당신만 모르고 있다면 당신은 '아싸outsider'다. 직장동료 모두가 알고 있는 유행어를 당신 혼자 모른다면 당신은 '아싸'다. 친구들이 사용하는 신조어, 줄임말에 어리둥절해 한다면 당신은 '아싸'다.

우리는 빠르게 발전하는 세상에서 뒤처지지 않기 위해 시시각각 SNS를 확인하며 핵폭탄급 뉴스가 터지지 않을까 예의주시하고 있다. 이런 행동이 오래 지속되면 강박증 환자나 잠재적 강박증 환자가 되고 만다. 자신이 팔로우하는 유명인 혹은 아이돌이 올리는 140자를 확인하느라 일할 의욕도 잃고 잠도 잘 자지 못하고 심한 경우에는 자신의 건강까지 해치는 일도 있다.

　실제로 SNS를 확인하느라 손에서 스마트폰을 놓지 못하는 것 외에 누구나 경미한 강박증이 있다. 방금 문을 잠그고도 문이 잘 잠겼는지 확인하는 사람이 있는가 하면, 옷을 갈아입을 때 늘 상의를 벗은 뒤 하의를 벗는 사람이 있다. 집에서 쉴 때 소파의 특정한 자리에만 앉는 사람이 있고 매끼마다 늘 특정 음식을 먹어야 하는 사람도 있다. 경미한 강박증은 일종의 개인적인 습관으로 볼 수 있으며 일상생활에 영향을 주지 않는다면 굳이 걱정할 필요는 없다. 'SNS 중독'된 사람이라면 인터넷을 적절히 멀리하고 여가시간에는 사람들을 만나거나 실외에서 즐기는 운동을 선택해서 다양한 분야에서 취미생활을 즐겨보는 것이 좋을 것이다.

04

마케팅 속 심리학 상식
– 조건반사와 광고효과

매체가 빠르게 발전하는 21세기에 기업은 상품의 매출을 높이고자 품질과 서비스를 높이는 데 노력할 뿐만 아니라, 상품의 선전효과를 높이기 위해 많은 고민을 해왔다. 이런 배경으로 성장하게 된 광고산업은 상품에 유행하는 노래, 유명 연예인의 이미지를 연결시켜서 소비자들에게 노출시킨다.

수많은 광고 중에서 가장 많이 볼 수 있는 것이 유명 스타를 모델로 기용한 광고다. 기업은 유명 스타의 영향력을 이용해서 소비자들에게 그들이 좋아하는 배우와 가수를 접할 기회를 주며 상품을 홍보한다. 이 마케팅 기법이 이용하는 것이 바로 조건반사원리다.

중국의 혼성 듀엣 봉황전기는 〈하당월색荷塘月色〉이라는 곡을 발표해서 대중들로부터 좋은 반응을 얻었다. 이 곡은 중국의 전통 악기인 피리와 칠현금에 기타 연주를 결합해서 물의 도시 강남의 청아하고 고즈넉한 정취를 더했고, 노래와 멜로디가 한데 어우러져 마치 부드러운 달빛이 비치는 연못이 눈앞에 펼쳐진 듯 편안하고 청량한 분위기를 만들어낸다.

〈하당월색〉은 주쯔칭의 수필 제목이기도 하다. 작가는 달빛 비치는 연못의 풍경과 연밥을 따는 강남의 세시풍속을 섬세한 필치로 묘사해서 독자로 하여금 마치 자신이 흐릿한 달빛을 받으며 연못과 그 주변 풍경을 감상하는 듯한 착각에 빠지게 만든다. 봉황전기가 부른 하당월색에서는 물고기와 연못의 이미지를 서로 사랑하는 한 쌍의 연인으로 비유했다. 수필의 내용과 다르지만 단아하고 시적인 분위기는 그대로 살렸다.

이 노래가 히트하자 스마트폰 제조업체인 진리金立는 봉황전기를 광고모델로 기용하고 그들 노래인 〈하당월색〉을 배경음악으로 사용했다. 또 진리의 새로운 스마트폰 라인으로 '하당월색'이라는 뮤직폰 시리즈를 출시했다. 광고영상에는 노래의 후렴인 '나는 당신의 연못에 노니는 한 마리 물고기처럼 오직 당신과 함께 아름다운 달빛을 지키겠어요. 계절이 네 번 바뀌어도 연꽃 향기 그윽한 연못에서 당신을 기다립니다'가 나오고 이어서 '나의 연못, 나의 음악, 진리 뮤직폰'이라는 카피가 화면에 등장한다.

우리가 몰랐던 정서적 반응에 주목하라

광고하는 상품이 뮤직폰이기 때문에 광고영상의 전체적인 포맷과 카피에서 배경음악의 분위기를 강조하고 있다. 진리 뮤직폰이라는 브랜드는 그 인지도가 낮을 때 소비자에게 중성자극에 지나지 않는다. 하지만 당시 유행하는 대중음악이 광고에 쓰이면 조건자극이 되어 소비자에게 조건반사를 일으킨다. '하당월색 – 진리 뮤직폰 – 인지 및 정서적 반응'이라는 조합이 TV, 라디오, 대형 쇼핑몰에서 수천 번 반복되면 소비자에게 '진리 뮤직폰 – 인지 및 정서적 반응'이라는 조건반사가 형성된다. 조건반사가 형성되고 나면 제조업체의 홍보는 효과를 발휘한다.

광고 중에서 '스타 & 상품'의 조합을 활용해서 성공한 사례는 수없이 많다. 모든 광고는 소비자가 조건반사를 형성하도록 유도함으로써 브랜드에 대한 인지도와 이해도를 높인다고 단언할 수 있다. 대형 행사에 위촉되는 홍보대사, 잡지 표지 모델의 클로즈업 된 사진 역시 이런 점을 이용해서 소비자의 주목을 받으려는 것이다. 물론 어떤 일이든 양면성이 있어서 홍보 마케팅을 잘못하면 조건반사로 따라오는 것은 비난과 악플이다.

맥노튼 규칙

1981년 3월 30일 레이건 대통령은 스물여섯 살 청년 존 힝클리John Hinckley 에게 저격당했으나 다행히 총알이 심장에서 12센티미터 떨어진 곳을 관통해 가까스로 목숨을 건졌다. 1년이 넘는 조사와 심리를 거쳐서 배심원단은 존 힝클리에게 무죄를 선고했다. 사람들은 '정신이상'이 면죄부가 될 수 있는지 의구심을 갖기 시작했다.

맥노튼 규칙The M'Naghten Rules은 정신이상으로 무죄판결을 받은 살인사건에서 유래한다. 1843년 1월 20일 스코틀랜드인 맥노튼은 영국총리 로버트 필의 암살을 시도했다. 그는 신이 자신에게 총리를 암살하라는 임무를 맡겼다고 주장했다. 그는 총리의 비서를 총리로 잘못 알고 권총을 겨누어 살인죄로 런던 형사법원에서 재판을 받았다. 배심원단은 맥노튼의 정신이상을 이유로 무죄로 판결했고 그는 정신병원으로 보내졌다. 배심원단의 이 판결은 사회적으로 강렬한 저항을 일으켰고 심지어 빅토리아 여왕까지 불만을 표시했다. 여왕은 곧바로 법관을 소집해서 무죄판결의 정당성을 증명할 것을 요구했다. 이에 따라 법원은 '맥노튼 규칙'을 발표했다.

'맥노튼 규칙'의 주요 내용은 다음과 같다. 모든 사건에서 법원은 배심원들에게 모든 사람이 정신적으로 정상이라고 추정해야 하며 누구든 자신의 범죄행위에 책임을 질만큼 충분히 이성적이라는 사실을 알려야 한다. 만약 그렇지 않다면 배심원들에게 피의자의 정신이 비정상임을 증명해야 한다. 정신병 환자의 변호를 위해 피의자가 범죄행위를 저질렀을 당시 정신병의 영향을 받아서 자신이 저지른 행위의 성질을 알지 못하거나 혹은 행위의 성질을 안다고 하더라도 그것이 잘못된 것임을 알지 못했음을 반드시 증명해야 한다.

정신질환에 대한 사람들의 관심이 깊어지면서 연구자들은 정신이상자 본인 역시 무엇이 옳고 그르다는 것을 알고 있음을 발견했다. 즉 그들이 범죄를 저질렀을 때 자신이 위법 혹은 부도덕한 일을 하고 있다는 사실을 알고 있다는 것이다. 정신이상은 그들이 자신의 행동을 통제하지 못하게 할 수는 있지만 의식까지 모호하게 하지는 않는다.

그렇다면 정신이상으로 면책받은 사람들은 자유를 얻을까? 실제로 정신이상으로 면책된 사람의 90퍼센트는 정신병원의 감호 아래 생활하는데, 이런 감금은 기한이 정해져 있지 않다. 힝클리와 같은 사람은 정신과 의사가 그에게 다시는 어떠한 위험도 없다는 소견을 내릴 때에만 석방할 수 있다. 그러나 어떤 정신과 의사도 그런 소견을 내리지 못한다.

4

인간관계로 감정이 소진될 때 바로 써먹는 심리학

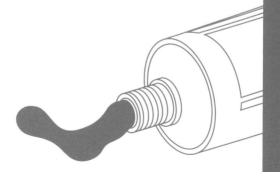

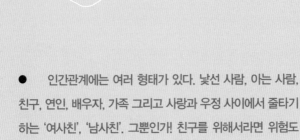

● 　인간관계에는 여러 형태가 있다. 낯선 사람, 아는 사람,
친구, 연인, 배우자, 가족 그리고 사랑과 우정 사이에서 줄타기
하는 '여사친', '남사친'. 그뿐인가! 친구를 위해서라면 위험도
불사하는 소꿉친구, 베프도 있다. 4장에서는 이러한 인간관계
속에서 타인과 어울리며 사랑을 키워가는 법을 배워본다.

01

SNS라는 21세기의 페스트

- 가장 친한 타인

장위와 그의 동료들은 점심시간에 근처에 새로 문을 연 식당에서 함께 식사하기로 약속했다. 엘리베이터를 기다리는 동안 일행은 마치 약속이나 한 듯 스마트폰을 꺼내서 각자의 SNS를 확인한다. 일행이 식당에 도착한 뒤 각자 원하는 메뉴를 주문한 뒤 음식이 나오기를 기다리는 동안에도 방금 전의 상황이 그대로 재현되었다. 그들은 각자 휴대폰을 들고 식당 벽에 장식된 소품, 조명기구, 그림을 찍었다. 음식이 나오자 장위 맞은편에 앉은 두 여직원은 음식 사진을 찍으며 서로 재촉했다. "어서 찍어! 너다 찍으면 내가 찍을 거야." 그들은 모든 음식 사진을 한 번씩 찍은 뒤 그중에서 가장 마음에 드는 사진을 골라서 보정 처리한 뒤

SNS에 올린 뒤에야 식사를 시작했다. 식사하는 동안 누구도 다른 사람에게 말을 걸지 않았고 이 식당의 음식에 대해 어떤 평가도 내리지 않았다.

장위는 회사에 돌아가서 SNS를 확인해보니 동료들은 이미 각자의 계정에 점심을 먹었던 식당에 대한 평가와 사진을 올려놓았다.

장위는 이름이 잘 알려진 잡지사의 편집부에서 일한다. 주변 동료들 모두 재주가 많고 언변이 좋다. 쉬는 시간에 한데 모여 이야기를 나누다 보면 시간 가는 줄도 모를 것이 틀림없었다. 그런데 실제로는 그렇지 않다. SNS가 유행한 뒤로 동료들은 온라인에서 서로를 팔로우하기 시작하면서 공통으로 관심 갖는 화제와 취미가 많아졌지만, 함께 어울려서 대화를 나누는 일은 오히려 줄어들었다. SNS를 통해 사람과 사람 사이의 거리가 좁혀지리라 생각했지만 바로 옆에서 일하는 동료는 물론 가족마저도 '가장 친한 타인'이 되고 말았다.

인플루언서는 외롭다

SNS를 이용하면서 많은 이로움을 얻고 있음은 부인할 수 없다. 여러 해 동안 연락이 끊겼던 소꿉친구, 동창, 친구를 찾아서 다시 연락하고 또 서로 다른 도시에서 살고 있어도 편리하게 연락할 수 있으며 외국에 있는 사람도 가족과 친구의 관심과 축복을 실시간으로 확인할 수 있다. 표면적으로는 SNS를 통해서 시공간을 초월해서 사람과 사람 사이의 관계가 더욱 친밀해졌다. 하지만 실제로는 사람과 사람 사이의 관계가 갈수록 서먹해지고 있다.

영국의 정신건강재단에서 실시한 조사에 따르면 열여덟 살부터 서른네 살의 젊은이 중 3분의 1이 온라인에서 자신의 가족과 친구들과 연락하지만 결코 직접 만나지는 않는다고 한다. 사람들은 온라인에서 등록한 친구의 프로필, 상태 메시지를 통해 상대방을 이해하기 원하지만 마주 앉아 이야기를 나누며 진지하게 서로를 이해하기 원치 않는다.

영화 〈페이스북〉의 주인공은 미국에서 가장 인기 있는 SNS인 '페이스북facebook'의 창시자 마크 저커버그Mark Zuckerberg다. 그는 인터넷에 접속해서 마우스를 몇 번 움직이기만 하면 수백만 명의 친구를 찾을 수 있지만 현실에서는 외톨이로 지내고 여자친구는 떠나고 친구들도 줄줄이 그를 떠났으며 심지어 함께 회사를 창업했던 친구마저 그를 고소했다.

SNS가 우리 생활에 가져온 편리함과 그 부작용은 무엇일까? 쉽게 추가하고 또 간단히 삭제하는 SNS 속 '친구'가 그 대비를 쉽고 명확하게 보여준다. 어떤 사람은 SNS를 통해 맺어진 인간관계는 피상적이고 저급하게 변하고 있으며 또한 사람과 사람 사이의 신뢰와 이해를 약화시키고 인간관계 속에서 느낄 수 있는 온정을 파괴해 더욱 더 많은 사람들을 이기적이고 외롭게 만든다고 주장한다.

미국 MIT대학 교수 셰리 터클Sherry Turkle은 《외로워지는 사람들Alone Together》에서 정보기술이 과도하게 발달한 사회를 규탄하며 이렇게 공언했다. "SNS를 사용하는 것 자체가 일종의 '현대병'이다. 기술은 사람 사이의 소통을 촉진할 수 있다고 선전하지만 실제로 사람들은 가상의 세계 속에서 현실과 단절되고 사람을 만나 직접적으로 소통하는 기회를 빼앗겼다."

물론 SNS를 친구와 연락하는 편리한 수단으로만 삼는 사람들도 있다. 그들은 더 많은 시간을 들여 친구들과 여행하고 해변에서 함께 식사를 하거나 다양한 액티비티를 즐기며 서로 깊은 감정을 교류한다. 이것이야말로 현명한 선택이다. 하지만 수억 명에 달하는 인터넷 사용자 중에서 여전히 많은 사람들이 가상세계에서 사람들과 소통하는 기쁨을 찾고 정작 자기 주변 사람들과는 갈수록 멀어지고 있다는 사실을 의식하지 못하고 있다.

외로움이 끝없이 널리 퍼지는 21세기의 '페스트'가 되기 전에, 친애하는 당신은 손에 들고 있는 스마트폰 혹은 태블릿PC를 잠시 내려놓고 친구와 마주 앉아서 수다를 떨며 오후를 보낼 의향이 있는가?

02

우정에도 선택이 필요하다
- 나의 무의식을 변화시키는 친구

많은 젊은이들이 자기가 항상 친구들 사이에 둘러싸여 있으며 친구가 많은 것처럼 말한다. 하지만 당신은 자신에게 몇 명의 친구가 있는지 진지하게 생각해본 적이 있는가? 당신이 말하는 친구란 어떤 사람인가? 자신에게 어떤 영향을 주는가?

가장 간단한 방법으로 진정한 친구가 과연 몇이나 되는지 헤아려보자. 우선 친구들 중에서 먹고 마시고 놀 때만 당신을 찾는 사람은 누구인가? 일이 있을 때만 도와달라고 찾는 사람은 누구인가? 좋은 일이 있을 때는 보이지 않다가 고민이 있고 힘든 일이 있을 때만 당신을 찾아와서 하소연하는 사람은 누구인가? 당신이 잘못을 저질렀을 때 곧바로 알려주는 사람은 누구인가?

이렇게 친구들을 분류한 뒤에도 자신에게 많은 친구가 있다고 여기는가? 아직도 누구누구가 자신의 절친이고 진정한 친구라고 말할 수 있는가? 대다수의 사람들이 자신에게 진정한 친구는 몇 명 되지 않고 심지어 한 명도 없음을 깨달을 것이다. 그나마 다행인 것은 당신은 주변 친구들에 대해 간략한 분류를 끝냈으니 이제는 어떤 사람들과 어울려야 하는지, 어떤 친구를 원하고 있는지 파악했다는 것이다.

옛말에 유유상종이라고 했다. 당신이 어떤 사람이냐에 따라서 당신의 친구들이 결정된다. 물론 당신은 자신이 어떤 사람이 될 것인지 선택할 수 있고 또 어떤 사람을 친구로 사귈지 선택할 수 있다.

술 마시기를 좋아하는 사람의 주변에는 술 마시기를 좋아하는 친구들이 있기 마련이다. 축구를 좋아하는 사람은 그의 친구들도 축구를 좋아한다. 게임을 좋아하는 사람은 친구들도 게임 마니아다. 이처럼 공통된 취미가 사람들을 친구로 만들어주고 때로는 사업파트너로 연결해준다. 문학을 좋아하는 친구들이 모이면 글을 창작하고 문학작품을 함께 연구한다. 이들은 서로의 작품을 돌려 읽으며 비평하고 함께 성장한다. 이렇게 해서 몇 년의 시간이 흐르면 매체에 자신의 작품을 발표하는 사람들이 하나둘 늘어난다. 음악을 좋아하는 사람들끼리 친구가 되면 함께 모여 곡을 만들고 노래 연습을 하고 공연도 한다. 시간이 쌓이면 이들은 밴드를 만들거나 자신만의 앨범을 발표하기도 한다. 흡연, 음주, 카드게임을 좋아하는 사람들이 모여서 친구가 되면 이들은 담배친구, 술친구, 게임친구가 된다. 몇 년 후에 이들이 허송세월하지 않고 인생을 망치지 않았다면 그야말로 크나큰 행운이라고 여겨야 할 것이다.

좋은 사람과 어울리는 것은 지초와 난초가 가득 핀 방에 들어가는 것과 같아서 그곳에 오래 있으면 그 향기를 맡지 못한다. 나쁜 사람과 어울리는 것은 건어물가게에 들어가는 것과 같아서 오래 있으면 자기 몸에 배인 비린내를 맡지 못한다. 여기서 유래한 성어가 바로 '지란지교'로 좋은 친구를 사귀어야 함을 알려준다.

친구와의 사귐은 눈에 보이지 않고 손에 잡히지 않지만 의식하지 못하는 사이 자신을 변화시킨다. 어떤 사람은 친구를 신뢰하고 어떤 사람은 친구를 이용하고 어떤 사람은 친구의 장점을 본받고 어떤 사람은 친구를 통해 사리사욕을 채운다.

나보다 뛰어난 사람을 친구로 삼아라

어느 숲에 매와 여우가 친구가 되어 한 곳에 살기로 했다. 매는 커다란 나무를 골라 높은 나뭇가지 위에 둥지를 틀고 알을 낳았다. 여우 역시 같은 나무 아래 덤불에서 새끼를 낳아 길렀다.

하루가 다르게 크는 새끼들에게 먹이를 나르느라 매와 여우는 매일 분주히 사냥을 나갔다. 그러던 어느 날 매는 사냥하러 종일 돌아다녔지만 먹잇감을 구하지 못했다. 그때 매는 여우가 먹이를 구하러 나가는 것을 보고 덤불로 날아가서 여우의 새끼들을 죽여 자신의 새끼들에게 먹였다. 사냥에서 돌아온 여우는 텅텅 비어 있는 굴 곳곳에 낭자한 피를 보고 소스라치게 놀랐다. 여우는 새끼들의 죽음을 슬퍼하며 자신을 배신한 매를 원망했다. "나와 친구가 된 것이 설마 내 새끼들을 잡아먹기 위해서란 말인가?"

여우는 슬프고 분해서 복수할 생각을 했다. 하지만 여우는 매처럼 날지 못하고 나무에 오를 수도 없었다. 여우는 매일 매의 동태를 살피며 복수할 기회가 찾아오기를 기다렸다.

그리 길지 않은 시간이 지난 뒤, 매는 인간들이 제사에 올린 양고기를 훔치러 마을로 날아갔다. 그런데 매가 양고기를 낚아챌 때 아직 불씨가 남아 있는 나뭇가지가 양고기에 함께 딸려갔다. 먹이를 구한 매가 신이 나서 양고기를 둥지에 내려놓자 나뭇가지의 불씨가 둥지 안의 마른 풀로 번졌고 불길이 커지면서 매의 새끼들에게까지 불이 번졌다. 새끼들은 뜨거운 불이 몸에 닿자 여린 날개를 퍼덕이며 몸부림을 쳤고 급기야 둥지 아래로 떨어졌다. 그때 매 둥지를 지켜보고 있던 여우가 잽싸가 달려와서 매가 보는 앞에서 그 새끼들을 모조리 먹어치웠다.

그날 이후 매와 여우는 완전히 등을 돌리고 친구 관계를 끊었다.

사랑할 때는 인내심을 가지고 신중하게 자신에게 맞는 상대를 선택해야 한다. 우정도 이와 다르지 않아서 친구를 선택할 때는 양보다 질을 택해야 한다. 거짓된 사람과 친구로 사귀느니 친구가 없는 게 오히려 낫다. 친구로부터 배신당한 것보다 고통스러운 것은 없다. 따라서 친구를 사귈 때는 신중해야 한다. 우리는 성실하고 정직하고 뜻이 맞는 사람과 친구가 되어야 하고 꿈과 열정이 있어서 모두에게 본이 되고 힘이 되는 사람을 사귀어야 한다.

어느 성공한 사람이 다음과 같은 말을 했다. "내가 성공할 수 있었던 것은 내가 남보다 뛰어난 능력을 가졌기 때문이 아니다. 언제나 나보다 뛰어난 사람을 친구로 선택했기 때문이다."

만약 어느 분야에서 실력을 키우고 성과를 이루고 싶다면 자신보다 뛰어난 친구를 사귀어야 한다. 설령 당신의 친구가 장점이 많지 않고 대단한 능력이 없으며 남들로부터 칭찬받는 인물이 아니라고 해도 적어도 적극적인 자세와 진취적인 태도로 삶을 사랑하는 사람이어야 한다.

자꾸 부딪히는 동료와 잘 지내는 법

– 갈등과 오해를 줄이는 대화법

우리는 살아가는 동안 일, 공부, 생활 등의 필요에 의해 많은 사람들을 만나며 어울려 지낸다. 사람들의 생김새가 모두 다르듯이 생각하는 방식과 일을 처리하는 방법도 제각각이다. 모든 사람이 각기 다른 성장배경, 교육 수준, 일 처리 방식, 사고방식을 가졌기에 다양한 정보를 교환하고 전달하는 과정에서 갈등과 오해가 생기기도 한다. 따라서 다른 사람과 어울리는 법을 배우고 동료와 서로 협력해서 일하는 분위기를 만드는 것은 매우 어려우면서도 중요한 일이다.

샤오왕과 샤오리는 같은 부서에서 일한다. 매일 함께 일하다 보니 대수롭지 않은 일로도 자주 얼굴을 붉혔고 서로 의견을 주

98

장하다 보면 말이 격해져서 급기야 다투기까지 한다.

한번은 샤오왕이 샤오리에게 물었다. "지금 시간이 어떻게 되나?" 샤오리가 대답했다. "시간이 늦은 것 같은데." 샤오왕이 어이가 없어서 다시 물었다. "내가 물은 건 시간이라고! 지금 시간이 어떻게 됐냐 말일세." 샤오리는 전과 다름없이 대답했다. "말했잖아, 시간이 늦었다고. 퇴근시간이 다됐어." 샤오왕은 언성을 높이며 샤오리에게 말했다. "사람이 말을 하면 얼굴 좀 보면서 말하게. 그리고 지금 시간을 알려 달란 말일세." 샤오왕이 소리를 높이자 샤오리 역시 소리를 높여 말했다. "다섯 시가 막 넘었네!" 샤오왕은 얼굴까지 벌게져서 샤오리에게 화를 냈다. "자네 머리가 이상한 거 아니야? 내가 시간을 물었으면 지금이 몇 시 몇 분이라고 알려주면 되는 거 아닌가!" 샤오리는 그제야 샤오왕이 자신에게 구체적인 시간을 물었음을 알았다. "그러게 처음부터 질문을 제대로 했어야지. 자네가 지금 몇 시냐고 물었으면 됐을 텐데 왜 돌려 말하나?" "누가 그렇게 멍청하래? 사람이 말을 하면 핵심을 파악해야지!" "멍청하다니? 멍청한 건 자네지!" 이렇게 두 사람은 시시콜콜한 일로 자주 입씨름을 벌였다.

세상에 완전히 똑같은 나뭇잎은 없으며 성격이 완전히 같은 사람은 없다. 대다수의 사람들은 일하면서 언제나 자신에게 돌아올 이해득실을 따진다. 반면 다른 사람의 입장에서 생각하는 사람은 매우 드물다. 안타깝게도 많은 사람들이 자신의 성격이

나 취향에 따라 일을 처리하고 다른 사람과 어울릴 때도 자신의 취향에 따라 상대방을 판단하며 온갖 트집을 잡는다. 심지어 악의적으로 이것도 싫고 저것도 마음에 들지 않는다며 늘 오만한 태도로 남을 무시한다.

상대방이 선호하는 업무 스타일 간파하라

예전에 뛰어난 재능을 지닌 작가가 있었다. 그의 작품이 발표되면 독자들은 앞다투어 작품을 읽었다. 문단에서도 그의 지위가 점차 높아졌다. 그는 뛰어난 재능을 지니고 있기는 했지만 다른 사람을 무시하며 매우 오만하게 굴었고 상황은 고려하지 않고 무조건 완벽만을 요구해서 주변 사람들이 무척 애를 먹었다. 그는 친구를 깎아내렸고 자신의 조수에게 제대로 할 줄 아는 것이 없다며 늘 호통을 쳤다. 그의 전처는 이렇게 말했다. "그는 재능이 뛰어난 작가이지만 큰 단점이 하나 있어요. 같이 지내기 어려운 사람이라는 겁니다."

어느 날 작가는 낯선 청년으로부터 한 통의 편지를 받았다. 청년은 자신이 쓴 원고의 전반부를 보내며 의견을 구했고 아울러 그와 소설을 공동집필 하고 싶다고 밝혔다. 작가는 편지를 읽은 뒤 매우 화를 내며, 회신을 보낼 때 그의 오만함과 무례함에 대해 다음과 같이 신랄하게 비난했다. "어떻게 이리도 대담할 수 있는지 놀라울 따름이오. 당신의 제안은 마치 고귀한 말과 미천한 나귀를 짝지어서 마차를 끌려는 것과 같소." 청년은 작가의 회신을 읽은 뒤 불쾌한 마음이 들었지만 결코 이 일로 자신감을 잃지 않았다. 그는 작가에게 다시 편지를 보내면서 머리말을 이렇게 썼다.

"존경하는 선생님, 이처럼 저를 높이 평가해 주시다니요. 저를 고귀한 말로 여기신단 말입니까?" 편지 후반에 청년은 자신의 학력과 작품 스타일, 잠재력을 자세하게 설명했는데 논리와 근거를 제시하면서도 결코 유머를 잃지 않았다. 작가는 편지를 받고 청년의 넘치는 자신감과 끈질긴 근성에 마음이 움직였다. 그는 청년에게 나머지 원고도 마저 보내라고 했고 다음 작품은 청년과 공동으로 집필하겠다고 약속했다.

성격에 따라 일이나 문제를 처리하는 방식도 다르다. 온순한 사람은 친구에게 자신의 의견을 권할 때 비교적 완곡하면서도 차분하게 생각을 전한다. 성격이 활발하고 직설적인 사람은 자신의 생각을 에두르지 않고 직접적으로 말한다. 말하다 감정이 격해지면 성을 내며 상대방을 비난하는 경우도 있다. 위의 일화에서 청년은 작가의 까칠한 성격을 알고 있으면서도 우회적인 표현으로 작가의 의도를 왜곡했다. 그래서 원래 작가가 자신을 비꼬기 위해 쓴 비유로 오히려 자신을 치켜세웠으며 그와 동시에 작가에게 자신의 기지와 총명함을 알려서 결국 원하는 소중한 기회를 얻었다.

상대방의 가정환경, 교육 수준, 삶의 이력을 미리 파악하면 그와 함께 지내는 것이 쉬워진다. 그러나 사전에 이런 상황을 알수 없다고 해도 상대방의 행동거지, 말하는 방식이 자신과 다르다고 해서 불쾌해하거나 미워해서는 안 된다. 우리는 서로 간의 차이를 받아들이고 함께 지내기 위한 최적의 방법을 모색해야 한다. 결코 자기중심적으로 일을 처리해서는 안 되며 자신의 생각을 상대방에게 강요해서는 더욱 안 된다. 서로 존중하고 이해해야만 각자의 부족한 점을 상대방을 통해 보완하고 모두가 원원 할 수 있다. 그렇지 않으면 자신은 상대방과 잘 지낸다고 여기지만 정작 상대방이 곤란한 지경에 처한 것도 모르게 되며 결국에는 사람들에게 좋지 않은 인상을 주고 소중한 기회마저 잃게 될 것이다.

04

소중한 친구는 한 사람이면 충분한가

- 좋은 충고를 얻는 법

사람들은 각각 특정한 분야에 대한 지식과 기술만 있기 때문에 언제나 다른 사람의 도움이 필요하다. 당신이 훌륭한 학자라고 해도 탁자와 의자를 맞춤제작하고 싶다면 목수를 찾아가야 한다. 경제학에서 A플러스를 받았다고 해도 집을 구입하려면 부동산중개인의 도움이 필요하다. 각 사람의 능력은 유한하기 때문에 혼자서 모든 지식을 배울 수 없고 생활에 필요한 모든 기술을 익힐 수 없다. 따라서 사람은 모름지기 자신의 부족함을 깨닫고 주변 사람들에게서 자신에게는 없는 품성과 몰랐던 지식을 발견하며 조금씩 성장해야 한다.

시디에게는 쉬팡이라는 친구가 있다. 쉬팡은 성격이 화통하고 잔꾀를 부리지 않고 감추거나 속이는 것이 없어서 친구들 사이에서 인기가 좋다. 그런데 그에게도 한 가지 결점이 있다. 화를 잘 내고 상대방의 기분은 아랑곳하지 않은 채 자신의 생각을 곧이곧대로 얘기한다. 그는 주변의 누군가 실수하면 상대방을 매섭게 다그치고 체면도 봐주지 않는다.

시디는 쉬팡에게 자주 그런 나쁜 버릇은 고쳐야 한다고 지적했다. 그럴 때마다 쉬팡은 이렇게 대꾸했다. "강산은 바뀌어도 본성은 바꾸지 못한다는 말도 있잖아. 내가 이렇게 살아온 세월이 얼만데 그게 바꿔지겠어? 그리고 말이 나와서 하는 말인데 나를 정말 이해하는 사람이라면 내가 심하게 말해도 마음에 담아두지 않는다고." 시디야말로 쉬팡을 가장 잘 이해하는 사람이지만 쉬팡이 내뱉는 독설에 당혹스러울 때가 있다. 하물며 다른 사람은 어떠하겠는가!

시디와 쉬팡이 함께 커피숍에 갔을 때의 일이다. 쉬팡이 종업원을 불렀다. "이 집은 커피잔이 참 독특하단 말이야. 이 친구 마시는 거랑 같은 걸로 주세요. 아무것도 넣지 말고." 잠시 후 종업원이 빈 커피잔을 쉬팡 앞에 내려놓았다. 그러자 쉬팡은 곧바로 화를 내며 종업원을 다그쳤다. "나한테 왜 빈 잔을 주는 거지? 내가 시킨 커피는? 당신네 커피숍은 어떻게 영업을 하는 거야? 그리고 당신 말이야, 여기 새로 왔나? 아무리 새로 왔어도 손님한테 빈 잔을 내미는 건 아니지!"

어린 여종업원은 당황스러워 얼굴이 빨개졌고 목소리마저 기어들어갔다. 옆에 있던 시디가 좀처럼 화를 식지 못하는 쉬팡을 말린 뒤 종업원에게 조심스럽게 물었다. "이게 어떻게 된 일인가요?" 그러자 종업원은 잔뜩 주눅이 든 목소리로 대답했다. "죄송합니다. 아무것도 넣지 않은 커피잔을 달라고 하셔서 저는 그걸 다른 용도로 쓰시려는 줄 알고 빈 잔을 가져온 거예요." 쉬팡은 종업원의 해명을 듣고 나자 방금 그렇게 다짜고짜 사람을 다그치는 게 아니었는데 하는 마음이 들었다. 쉬팡은 자리에서 일어서서 종업원에게 정중하게 사과하며 설탕과 크림을 넣지 않은 커피 한 잔을 달라고 공손히 부탁했다.

시디는 눈앞에서 펼쳐진 이 광경에 놀라서 쉬팡에게 말했다. "웬일이니, 네가 성질을 부릴 때는 그렇게 밉상이더니 사과할 때는 또 이렇게 성의를 다하는구나." 쉬팡이 웃으며 대답했다. "네가 오늘에서야 나에게도 장점이 있다는 걸 알았구나!"

그가 가진 장점이 내게도 있는가

결점투성인 친구라도 분명 칭찬할 만한 장점이 있다. 친구로서 상대방의 결점을 보면 적절한 방법으로 지적을 해야겠지만 그에게 있는 장점도 인내심을 가지고 발견할 줄 알아야 한다. 또한 수시로 자신을 돌아보며 자문해보라. '그가 가진 장점들이 내게

도 있는가?'

미국의 한 작가는 이런 말을 했다. "절친 한 사람이 당신에게 필요한 모든 것을 가져다주리라 기대하지 마라." 이 말은 곧 다양한 친구를 사귀고 그들에게서 각기 다른 장점을 본받으라는 뜻이다. 일, 가정, 인간관계 등의 영역에서 경험이 풍부하고 매우 영리한 친구에게는 좋은 충고를 얻을 수 있다. 살면서 부닥치는 어려움에 어찌할 바를 모르고 방황할 때 당신이 기댈 수 있는 기둥이 되어준다. 취향이 비슷하고 뜻이 잘 맞는 친구는 당신이 가진 가치관, 취향, 인생의 목표 등에 긍정적인 피드백을 줄 수 있고 희로애락도 함께 나눌 수 있다. 이렇게 서로에게 긍정적인 영향을 주는 우정은 당신에게 심리적인 안전감을 준다. 이런 친구가 있기 때문에 당신은 더욱 즐겁게 성장할 수 있으며 더욱 쉽게 꿈을 이룰 수 있다.

05

결혼 후에도 남사친, 여사친이 필요할까?

– 사랑과 우정 사이의 심리학

모든 남자는 정도는 달라도 내면 깊숙한 곳에 한 가지 욕망을 감추고 있다. 그것은 바로 자신의 마음을 이해해주는 여성을 친구로 사귀는 것이다. 그 여성은 결혼으로 맺어진 아내는 아니다. 잠시 잠깐의 쾌락을 즐길 수 있는 애인도 아니다. 그녀는 자신의 머리에 자리 잡고 있으며 성숙하고 지혜롭고 이해심이 깊어서 결코 남에게 털어놓지 못하는 고민도 말할 수 있는 사람이다.

중국의 유명 작가 안니바오베이安妮寶貝는 이렇게 말했다. "아내란 누구인가? 자신이 모은 돈을 기꺼이 맡길 수 있는 여인이다. 여사친이란 누구인가? 아내에게도 말하지 못하는 비밀을 털어놓을 수 있는 여인이다."

안타깝게도 남자들이 서로 믿을 수 있는 여사친을 얻기란 쉽지 않다. 다행히 그런 여사친을 만났다고 해도 시간이 지나면서 적정한 선을 지켜야 하는 사이가 된다. 잠깐의 감정에 치우쳐서 선을 넘으면 여사친은 내연녀가 되고 마음속으로 의지하던 상대는 골칫거리로 바뀌어 급기야 가정에 파탄이 찾아오는 지경에 이른다.

남자에게 여사친이 있다면 여자에게는 남사친이 있다. 남사친은 가족애, 남녀 사이의 애정, 우정 다음으로 네 번째 사랑에 속한다. 여사친과 마찬가지로 남사친은 남편이 아니고 애인도 아니지만 남편이나 애인에게 말하지 못하는 비밀도 털어놓을 수 있는 상대다. 하지만 남사친이든 여사친이든 서로의 순수한 관계를 유지하려면 일정한 선을 지켜야 한다. 만약 자신의 감정을 통제하지 못하고 선을 넘으면 결국에는 배신과 고통의 늪에 빠지고 만다.

대만 작가 룽잉타이龍應台는 이렇게 말했다. "진정한 의미에서 네 번째 사랑이란 이해, 다정함, 우정과 같이 아름다운 식물들이 가득 자라는 도로다. 그런데 여기에 로맨틱한 장밋빛이 나타나면 이 도로는 그 방향을 바꾸어 함정으로 향하는데 이 함정의 이름은 바로 '외도'다."

솔직히 말하자면 여사친, 남사친을 불문하고 모두 어느 정도는 애매한 여지를 남기고 있다. 우정보다는 강하지만 사랑보다 약하고 어느 때든 만날 수 있으면서 또 어느 때든 헤어질 수 있는 관계다. 두 사람 사이에는 서로에 대한 언약이 없고 미래에 대한 계획도 없다. 의리와 우정을 중시하는 사람이 이와 같은 애매한 감정을 우정의 틀 안에 잘 가두고 오랫동안 꾸준히 관계를 이어간다면 자신의 인생에서 매우 소중한 인연이 될 것이다. 한편 사람을 쉽게 만나고 또 쉽게 헤어지는 사람에게 여사친 혹은 남사친은 책임을 회피하고 잠깐의 쾌락을 즐기는 좋은 방법이 된다.

애매한 감정의 늪에 빠지지 말라

쑨위가 다니는 회사에서 웨이제를 모르는 사람은 없다. 점심시간이나 퇴근시간이 되면 회사 로비의 소파에 앉아서 쑨위를 기다리고 있는 웨이제를 자주 볼 수 있기 때문이다. 사람들은 그를 쑨위의 남자친구로 여겼고 회사의 경비 아저씨마저 쑨위에게 남자친구를 잘 골랐다며 사람 보는 눈이 높다고 칭찬했다. 쑨위는 그럴 때마다 웨이제는 그냥 보통 친구라고 해명했지만 사람들은 여전히 두 사람의 관계를 오해했다. 시간이 흐르면서 쑨위도 일일이 해명하는 데 지쳐서 사람들이 오해하는 대로 내버려두었다.

웨이제는 미술을 전공하고 프리랜서로 일하고 있어서 시간을 자유롭게 쓸 수 있었다. 그래서 그는 매일 퇴근시간이 되면 쑨위의 회사로 와서 그녀를 집으로 데려다주었다. 주말에도 가끔씩 그녀와 만나 영화를 보거나 밥을 먹었다.

처음에 쑨위는 웨이제에게 자신의 입장을 분명히 밝혔다. "나한테는 남자친구가 있어. 지금은 일 때문에 서로 떨어져 지내지만 우리는 곧 결혼할 사이야." 웨이제는 아무렇지 않은 듯 대꾸했다. "내가 뭘 바라고 이러는 게 아니야. 그냥 너하고 있으면 편하고 기분이 좋아서 그래. 서로에게 뭐든 얘기할 수 있고 고민도 털어놓을 수 있으니 좋지 않아?" 쑨위는 그의 말에 일리가 있다고 생각했다. 쑨위는 웨이제가 남사친이라고 생각했다. 함께 어울리는 시간이 오래되자 쑨위도 웨이제를 편하게 받아들였다. 회사일로 필요한 경우 그에게 도움을 청하기도 하고 고민이 있으면 털어놓기도 했다.

그들이 알고 지낸 지 반 년이 지났을 무렵, 웨이제는 생일이라며 자신의 아파트에서 여는 파티에 쑨위를 초대했다. 파티는 새벽 2시까지 이어졌는데 웨이제는 일찌감치 술에 취해서 소파에 쓰러져 있었다. 쑨위는 주인 대신 손님들을 배웅하고 집을 정리한 뒤 떠날 준비를 했다. 그녀가 핸드백을 들고 일어서려는데 술이 덜 깬 웨이제가 갑자기 그녀를 품에 안았다. 그는 쑨위에게 "가지 마, 날 두고 가지 마"라고 애원했다. 마음이 흔들린 쑨위는 결국 웨이제의 집에서 하룻밤을 보냈다.

그날 밤 이후 웨이제는 출장을 간다며 일주일 동안 모습을 보이지 않았다. 그 일주일이 쑨위에게는 고통의 나날이었다. 쑨위는 그날 밤 남자친구를 배신한 자신을 용서할 수 없었다. 또 한편으로는 웨이제의 불분명한 태도에 곤혹스러웠다. 그런데 웨이제는 출장에서 돌아온 뒤 마치 아무 일도 없었던 것처럼 굴었고, 쑨위는 더 큰 혼란에 빠졌다.

쑨위는 웨이제에게 자신의 고향으로 함께 가서 가족들에게 인사를 하자고 제안했다. 그런데 웨이제의 대답은 그녀의 기대와는 사뭇 달랐다. "이럴 때는 네 남자친구하고 같이 가야지 않겠어? 두 사람 곧 결혼한다고 했잖아." 쑨위는 웨이제의 말을 믿을 수가 없었다. 웨이제의 친구를 찾아가서 그가 어떤 생각을 하고 있는지 조언을 구했다. 쑨위의 이야기를 들은 웨이제의 친구는 오히려 그녀를 비웃었다. "잘난 남자치고 모두 바람둥이라는 거 몰라요? 그걸 진지하게 받아들이다니요? 웨이제는 그냥 당신하고 하룻밤 즐긴 것뿐이에요." 쑨위는 그제야 현실을 깨달았다. 그녀는 웨이제와의 관계를 사랑으로 착각한 것이다.

사람의 감정은 조절하기 어렵다. 때로는 자기 자신조차 분명하게 설명하지 못한다. 여자에게 남사친은 함께 밥을 먹고 웃고 장난치며 시간을 보내고 고민을 털어놓는 상대여서만은 안 된다. 자신의 일과 삶 그리고 감정에까지도 조언과 충고를 해주며 진심을 나누는 친구여야 한다. 만약 당신을 지음지기로 여기는 사람이라면 굳이 드러내서 "너야말로 나를 알아주는 친구야"라고 말하지 않는다. 그 대신 자연스러운 대화 속에서 당신에게 자신의 생각을 말하고 당신의 생각과 결정을 지지한다. 당신이 중요한 결정을 내릴 때 상황을 분명히 정리해주고, 그 결정을 내린 후의 이해득실을 분석해서 들려준다. 이런 남사친이 있으면 생각이 분명해지고 신중하게 일을 처리할 수 있을 뿐만 아니라 삶이 더욱 풍성해질 것이다.

그러나 친구는 어디까지나 친구일 뿐이다. 친구의 도움과 격려에 감사해야겠지만 결코 의지해서는 안 된다. 당신이 의지하기 시작하면 그의 매력에 끌리게 되고 결국 남사친은 외도의 대상으로 전락하기 쉽다.

우리는 단순하고 순수한 우정을 원하지, 결코 복잡하게 얽힌 감정의 실타래를 원하는 것이 아니다.

일란성 쌍둥이의
성향이 비슷한 이유

20세기 후반에 이르자 행동주의이론이 정신분석이론을 누르고 심리학의 주류가 되었다. 행동주의이론은 인간의 행동이 환경의 영향을 받으며 또 환경에 좌우된다고 주장한다. 극단적인 행동주의 학자들은 인간의 행동에 심리적 요인은 크게 중요하지 않으며 행동의 자극과 반응에만 관심을 가졌다. 사람들이 인간 행동에 환경요인이 영향을 미친다는 이론을 받아들이는 데에는 또 다른 이유가 있다. 유전적 요인과 생리적 요인이 미치는 영향을 직접 관찰하기 어렵기 때문이다. 유전자는 눈에 보이지도, 만져지지도 않기 때문에 정확히 판단할 수 없다. 그래서 잘 알지 못하는 유전적 요인보다는 스스로 결정할 수 있는 환경적 요인을 더 중요하게 여기는 것이다. 그러나 유전의 역할이 큰지 아니면 환경의 역할이 큰지는 좀 더 연구해야 할 과제다.

1979년 심리학자 토마스 부처드Thomas J. Bouchard와 데이비드 리켄 David T. Lykken은 유전요소가 개인의 성품에 얼마나 작용하는지 알아보는 연구를 했다. 유전자는 완전히 동일하지만 다른 환경에서 성장한 피조사자를 찾기 위해 그들은 각기 다른 가정에 입양된 56쌍의 일란성 쌍둥이를 조사했다.

연구자는 미국은 물론 외국에도 찾아가서 일주일에 걸쳐 테스트를 진행했다. 테스트 내용에는 성격분석, 취미와 특기, 적성과 개인의 성장과정, 정신병학 등이 있었다. 그 결과 피조사자의 성품은 대다수 유전에 의해 결정되었다. 일란성 쌍둥이는 떨어져서 다른 환경에서 자라고 생활조건의 차이가 커도 성인이 된 뒤 외모가 매우 유사하고 성품과 성향 역시 비슷했다. 결론적으로 환경이 그들의 성격 형성에 미친 영향은 매우 작았다고 할 수 있다.

이들의 연구를 비판하는 의견도 많았지만 부정할 수 없는 것은 그들이 50년 가까이 심리학을 지배해왔던 '환경결정론'의 아성에 도전했으며 인성에 대한 사람들의 생각을 완전히 바꾸어놓았다는 점이다.

가장 흥미로운 점은 이 연구에서 도출된 결론이다. 즉 환경이 인간의 특성을 결정하는 것이 아니라 인간의 특성이 환경에 영향을 미친다는 것이다. 예를 들어 어떤 아이들은 태어날 때부터 다른 아이에 비해 활발하고 움직이기를 좋아한다. 아이들의 이런 특징은 부모가 관심을 주고 함께 놀아줄 때 강렬한 반응을 보인다. 그 결과 부모의 행동이 강화되어 아이의 성격이 명랑하고 활달한 방향으로 형성된다는 것이다.

가족이 상처가 될 때
바로 써먹는 심리학

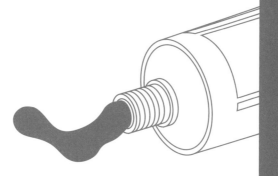

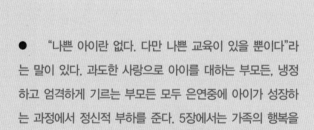

● "나쁜 아이란 없다. 다만 나쁜 교육이 있을 뿐이다"라
는 말이 있다. 과도한 사랑으로 아이를 대하는 부모든, 냉정
하고 엄격하게 기르는 부모든 모두 은연중에 아이가 성장하
는 과정에서 정신적 부하를 준다. 5장에서는 가족의 행복을
위해 알아두어야 할 심리학 법칙을 살펴본다.

01

불행을 대물림하지 마라
– 어른아이로 성장하지 않는 법

가족 세우기의 창시자 버트 헬링거Bert Hellinger는 인간에게서 나타나는 여러 가지 문제의 근본적 원인은 가정에서 찾을 수 있다고 지적했다. 정서적으로 나타나는 초조, 우울, 분노, 죄책감, 고독이든 아니면 행동으로 나타나는 알코올중독, 마약, 자살, 범죄든 가정에 증상의 근본적 원인이 있다는 것이다.

생활 속에서 많은 사람들이 의식하지 못하지만 가족구성원의 생활방식을 답습하고, 가족과 함께 동고동락하고 공동으로 책임을 지는 방식으로 가족구성원으로서 자신의 충실함을 보여준다. 이것은 가족애를 표현하는 방식이지만 한편으로는 맹목적이며 비이성적이다. 이러한 답습은 한 세대의 고통을 가족 전체에게 물려주는 것이어서 지난 세대가 겪었던 고통을 후대 사람들까지 분담하게 만든다. 게다가 이런 답습이 세대에서 세대로 '전염'되면 더 많은 사람들이 고통을 겪는다.

헬링거는 가정에 존재하는 질서에 주목했다. 이 질서는 가족구성원 모두에 의해 자연스럽고 서서히 형성된다. 이렇게 잠재의식에 따라 형성된 조직체계는 가족구성원 모두의 행동에 영향을 준다. 가족 세우기의 목적은 바로 이런 질서를 깨는 것이다. 가족들이 가정의 조직체계에서 벗어나서 새로운 삶을 시작하도록 돕는 것이다.

모든 상황을 인정하는 것도 성장의 과정이다

올해 쉰여덟 살인 쉬씨는 어릴 때부터 서북 지방의 작은 도시에서 살았다. 환갑을 바라보는 그는 이미 퇴직해서 집에서 노년을 보내고 있다. 그런데 그는 매일 손에서 술을 놓지 않아 가족들 모두 그의 건강을 염려했다. 특히 쉬씨의 아내 린씨는 남편이 집에서 보내는 시간이 무료하기 때문에 친구들을 불러서 술을 마시고 이야기를 나눈다는 것을 알고 있었지만 종일 술을 마시니 건강을 걱정하지 않을 수 없었다. 작년에 쉬씨는 뇌혈전 때문에 입원했는데 퇴원한 뒤에도 여전히 술을 마셔서 아내 린씨의 걱정은 더 커졌다.

린씨는 한 친구의 권유에 따라 남편 쉬씨를 데리고 가족 세우기 치료를 전문으로 하는 정신과 의사를 찾아갔다. 한 차례 상담 후에 의사는 쉬씨가 자신의 부친이 했던 행동을 따라하고 있다고 지적했다.

쉬씨의 어머니는 쉬씨 삼형제를 혼자서 키웠다. 그의 부친은 종일 술만 마시고 아무 일도 하지 않아서 어머니에 의해 쫓겨났다. 맏이인 쉬씨는 직장에서 일한 돈으로 집안 살림을 돌보는 한편, 두 동생이 공부하도록 뒷바라지를 하며 집안에서 가장이 되었다. 그의 두 동생 모두 사회적으로 성공했지만 큰형에게만은 언제나처럼 깍듯하게 대했다.

그런데 쉬씨는 퇴직한 뒤 매일같이 술을 마시기 시작했다. 어떤 때는 혼자서 아무 일도 하지 않고 종일 TV를 보며 술을 마시며 하루를 보냈다.

정신과 의사의 분석에 따르면 쉬씨는 부친의 행동을 모방하고 있었다. 온전한 가정의 구성원은 아빠, 엄마, 자녀다. 그런데 쉬씨의 부친이 집을 나간 뒤 아빠의 자리가 비워졌고 누군가 그 자리를 메워야 했다. 맏이였던 쉬씨는 자신도 모르는 사이 아빠의 역할을 맡아서 집안 살림을 도왔고 동생들을 공부시켰다. 그런데 가족의 빈자리를 대신 메우는 사람은 이전 사람의 행동을 따라 하기 쉽다. 그래서 종일 술만 마셨던 부친처럼 쉬씨 역시 술을 마시기 시작한 것이다.

가족세우기 치료를 받은 뒤 쉬씨는 마음속으로 부친과 화해하고 원래 자식의 자리로 돌아갔다. 또한 마음속에서 아버지의 자리를 내놓았다. 쉬씨는 심화된 치료 과정을 거치며 술 마시는 습관을 조금씩 고쳐나갔다.

가정에서 각자의 위치는 매우 중요하다. 가족구성원으로 함께 생활했던 사람은 모두 각자의 고유한 자리가 있어서 다른 가족들의 마음에도 그의 자리가 남아 있다. 그가 살아있든 아니면 세상을 떠났든 원래의 자리는 그대로 남아 있는 것이다. 만약 부모의 이혼, 사고로 인한 실종 혹은 마음속의 증오 등의 이유로 그를 버리게 되어 가족구성원 중 누군가가 사라지면 남은 가족의 마음속 서열에도 변화가 생기고 그에 따라 행동에도 영향을 받는다.

만족스러운 상황과 좋지 않은 상황을 받아들일 줄 아는 것을 일종의 성장이라고 할 수 있는데 가족구성원 각각의 위치를 받아들이는 것 역시 일종의 성장이다. 외도한 부모를 대하는 자녀이든 처자식을 버린 아들을 대하는 부모이든 그들을 도덕적으로 비난하더라도 자신의 삶 속에서 그들의 존재를 지울 수는 없다. 그렇지 않으면 자신의 인생이 뒤엉키게 되어 결코 행복할 수 없다.

02

둘째가 외톨이가 되는 이유

- 유년시절과 안전감의 결핍

많은 사람들이 우리가 살고 있는 시대를 가리켜 안전감이 결핍된 시대라고 말한다. 식품 안전 문제, 의료사고, 빈번한 교통사고, 재해 등의 뉴스가 미디어에 자주 등장한다. 모든 사람의 마음 깊은 곳에 자신도 이해하지 못하는 공포가 도사리고 있는 듯하다. 또한 자신의 성장과 사람 사이의 정에 대해서도 기대감이 부족하다. 그래서 사람들은 자신을 보호하기 위해 내면세계를 겹겹이 둘러싸서 외부와 단절하기 시작했다. 비록 외로움과 숨막힘을 견뎌야 하지만 적어도 마음만은 놓을 수 있기 때문이다.

사회환경에 대한 불안 때문에 사람들은 행동에 조심하고 경계한다. 그러나 성장과정 중에서 느끼는 불안전감이야말로 사람의 심리와 행동에 큰 영향을 끼치며 심지어 본인이 의식하지 못하는 사이에 삶을 좌우한다.

세상에 태어나는 것은 이미 정해진 것이어서 어릴 때의 생활환경은 자신의 의지로 바꿀 수 없다. 부모의 행동방식, 태도, 가치관은 어린 자녀에게 은연중에 영향을 준다. 갈등과 문제로 가득한 가정에서 자란 아이는 성인이 된 후에 다른 사람을 믿지 못하고 주변 환경에 대해 경계를 늦추지 않는다. 관심과 사랑이 넘치는 가정에서 자랐더라도 부모가 자녀에 대해 소홀하거나 자녀의 행동을 이해하지 못하면 자녀는 슬픔과 낙담으로 가득 찬 유년시절을 보내게 되며, 불안과 의심은 그의 일생에 걸쳐 잠복한다.

어린 시절의 그림자에서 벗어나라

리젠은 삼대가 함께 사는 가정에서 둘째로 태어났다. 할아버지, 할머니 모두 교사 출신이고 부모님 모두 대학교수다. 집 어디를 가도 책을 접할 수 있는 학구적인 분위기에서 자랐지만 리젠은 부모의 관심과 사랑을 느끼지 못했다.

리젠의 부친은 자녀를 매우 엄하게 가르쳤고 자녀를 아끼지만 말이나 행동으로 표현하지 않았다. 그는 평소 실험실에서 연구하느라 바빠서 집에 있는 시간이 많지 않았다. 어쩌다 일찍 들어오는 날에는 언니의 성적을 챙기고 나이 어린 남동생과 놀아 주었지만 리젠에게는 따뜻한 말 한마디 건네지 않았다. 리젠은 그저 멀리서 부친의 관심을 받는 언니와 남동생을 부러운 눈으로 보았다. 리젠은 언니가 성적이 좋아서 부친의 관심을 받고 남동생은 집안에서 가장 어리기 때문에 모친이 한시도 곁을 떠나지 않는데 유독 자신만은 집안 식구 누구도 관심을 갖지 않는 불쌍한 아이라고 생각했다.

그녀의 부모는 리젠의 이런 마음을 전혀 헤아리지 못했다. 부친은 모친에게 이렇게 말하곤 했다. "둘째는 늘 데면데면하게 구는데 도대체 누굴 닮은 건지 모르겠어." 그럴 때마다 모친도 리젠에 대해 이렇게 평가했다. "어릴 때는 성격도 활발했던 애가 클수록 사람을 봐도 인사할 줄 모르고 종일 제 방에 틀어박혀 있다니까. 내가 가서 부르지 않으면 제 발로 나오지 않아."

어느 날 부친은 혼자 문 앞에 서 있는 리젠을 보고 이름을 부르며 그녀를 무릎 위에 앉혔다. 리젠은 부친과의 친밀한 접촉에 당황한 나머지 온몸이 경직되었고 말도 제대로 하지 못했다. 부친은 딸이 자신을 거부한다고 오해하고 이후 다시는 그녀를 안아주지 않았다. 부친은 당시 리젠이 속으로 얼마나 기뻐했는지 전혀 몰랐다.

리젠이 언니와 다툴 때면 모친은 늘 리젠을 꾸짖었다. "너는 왜 언니 말을 안 듣는 거니?" 남동생이 리젠의 숙제를 엉망으로 만들어 놓아서 모친에게 말하면 모친은 오히려 동생 편을 들었다. "누나인 네가 동생에게 양보하렴." 그런 상황이 반복되자 남동생은 잘못을 저질러놓고 꽁무니를 빼고 달아났고 억울한 리젠은 호소할 곳도 없어서 자기 방에 들어가 울었다. 남동생은 모친이 자신을 두둔하자 나중에는 자신이 저지른 잘못을 리젠에게 뒤집어씌웠다. 리젠은 남동생이 있으면 아예 그 자리를 떴다.

리젠의 가정은 겉보기에는 아무런 문제가 없었다. 그녀의 부모는 세 자녀 모두 착하게 잘 자라고 있다고 생각했다. 큰딸이 조금 제멋대로 행동하고, 둘째딸이 사람을 기피하고, 막내아들이 짓궂은 것을 빼면 세 자녀 모두 잘 크고 있었다. 부모는 자신들이 자녀를 대하는 방식, 가족구성원 간의 관계로부터 리젠이 큰 상처를 받고 있으리라고는 전혀 생각지 못했다. 시간이 흐를수록 리젠은 점점 괴팍한 성격으로 변했고 사람들과 가까워지지 못했다. 리젠은 성인이 된 뒤 연애할 때조차 남자친구의 관심과 사랑을 편안히 받아들이지 못했고 언제나 일정한 거리를 유지해서 그녀를 사랑하는 사람마저 고통스럽게 했다.

사랑하는 것과 사랑받는 것 모두 일종의 능력이다. 때문에 배워야 습득할 수 있고 그 능력을 키울 수 있다. 사랑을 표현하고 사랑을 받아들이는 과정에서 가족, 친구, 연인 사이에 심리적인 친밀감이 생기고 이 관계 속의 개인은 심리적인 안전감을 얻는다. 유년시절 부모로부터 충분한 사랑과 관심을 받지 못하면 사랑을 받고 사랑을 표현하는 법을 배우지 못하기 때문에 사랑하고 사랑받는 능력이 떨어진다. 다른 사람과 어울려 지낼 때 상대방을 의심하고 긴장하고 초조해하기 때문에 어디에도 소속되어 있다는 느낌을 받지 못한다.

도시에서 생활하는 모든 사람은 독립해 나가는 과정에서 심리적인 안전감을 상실한다. 독립하면 자기 방식대로 자유롭게 살아갈 수 있지만 그 대가로 가정이나 자신이 소속된 집단의 울타리에서 벗어나야 한다. 이러한 자유는 늘 위태로워서 개인은 집단에 대한 심리적인 의존감에서 절대 벗어나지 못한다. 그 때문에 사회로부터 버림받을 것을 걱정하고 마음속으로는 다른 사람과 소통하고 친구를 맺고 싶으면서도 겉으로 드러나는 행동은 오히려 사람들을 피하고 움츠리고 눈치를 본다.

03

폭력의 피해자가 가해자가 될 때

– 폭력과 학대의 그림자

량량은 초등학교 3학년 여학생이다. 또래의 다른 여자아이처럼 량량도 핑크색을 좋아하고 인형놀이를 좋아한다. 하지만 인형놀이를 할 시간은 거의 없다.

여름방학이 시작되자 엄마는 량량을 위해 학원을 여섯 군데나 등록했다. 량량은 엄마를 따라서 일주일에 피아노, 서예, 라틴댄스, 논술, 영어, 합창 학원을 다녀야 했다. 엄마의 생각은 이랬다. '똑똑한 내 딸이 출발선에서 다른 집 아이들에게 뒤처지면 안 돼.' 그렇게 해서 여름 방학 동안 량량은 엄마 손에 이끌려 아무 흥미도 느껴지지 않는 수업을 받아야 했다.

량량은 때로 거짓말로 배가 아프다거나 머리가 아프다며 수업에 가지 않았다. 그때마다 엄마는 놀라서 서둘러 량량을 병원으로 데리고 갔다. 만약 꾀병이 발각되면 엄마는 속이 상해 눈물을 흘리며 량량에게 말했다. "엄마가 얼마나 걱정했는지 아니? 엄마 마음만 아프게 할 줄 알고 너는 언제 철들래?" 이런 일이 있고 나면 엄마는 며칠 내내 량량에게 쌀쌀맞게 대했다. 예전처럼 다정한 엄마의 모습이 아니었다. 만약 이 일을 아빠까지 알게 되면 아빠는 량량에게 이렇게 겁을 주었다. "제대로 공부 안 하면 길에 버릴 거다."

많은 부모가 자기 자식이 또래 아이들에게서 뒤처질까봐 온갖 학원과 특강에 억지로 보낸다. 자녀가 학원에 가기 싫어가거나 가지 않으려는 행동을 보이면 인내심을 가지고 학원에 가야 하는 이유를 설명해서 자녀가 깨닫게 하는 부모가 있는가 하면, 어떤 부모는 혼내거나 겁을 주고 심지어 때리는 방법으로 자녀가 전혀 흥미를 느끼지 않는 공부를 강제로 시킨다. 그러면서 부모들은 자신의 행동을 자녀를 인재로 키우기 위한 계획 중에 일어나는 작은 해프닝이라고 여긴다. 자녀에게 화를 내고 난 뒤 이 일을 대수롭지 않게 생각하기 때문에 어른들의 이런 행동이 아이에게는 이미 '폭력'이며 심한 경우에는 '학대'가 된다는 것을 인식하지 못한다.

가정에서 부모가 자녀를 체벌하는 것은 신체적인 학대가 될 수 있고, 겁을 주거나 위협하고 욕을 하는 것은 정신적인 학대가 될 수 있다.

한 조사에 따르면 유년기의 남자아이는 신체적인 상해를 입기 쉽고 여자아이는 성희롱과 성폭력을 받기 쉽다고 한다. 유년기에 학대를 당한 경험은 아이가 성인이 된 뒤에도 심리적으로 심각한 영향을 준다. 이와 관련된 많은 연구결과에 따르면 학대받은 아동은 복잡한 정서와 심리적인 문제를 가지고 있으며 자기방어 의식이 지나치게 강해서 극단적인 성격이 되기 쉽다. 학대를 받았던 아이는 성인이 된 뒤 느끼는 행복감이 학대를 받지 않은 사람보다 낮으며, 불량 서클에 가입하거나 싸움을 하는 비율이 높고 자살하는 비율도 월등히 높다.

여학생만 괴롭히는 남학생의 심리학적 원인

장레이는 올해 초등학교 6학년으로 학교에서 일진으로 알려져 있다. 장레이의 성적은 바닥을 밑돌았고 수업 태도 역시 매우 불량했다. 그가 유일하게 흥미를 갖는 것은 싸움이었는데 특히 여학생과 잘 싸웠다.

작년 가을 장레이 패거리와 4학년 남학생 몇 명이 패싸움을 벌였다. 원인을 알아보니 장레이가 여학생을 괴롭히는 것을 본 4학년 남학생들이 장레이를 욕했는데 마침 장레이 패거리 중 한 명이 이를 듣고 난 뒤 패싸움으로 번진 것이다.

사건이 일어난 뒤 교장은 학교의 상담교사에게 장레이의 지도를 맡겼다. 상담실에 앉은 장레이는 고집스럽게 아무 말도 하지 않고 고개를 푹 숙인 채 손에 생긴 상처만 만지작거렸다. 상담교사는 장레이의 집을 몇 차례 방문한 뒤 그가 일진이 된 배경을 알게 되었다.

장레이가 초등학교에 막 입학했을 때 그의 부모는 자주 다퉜고 때로는 치고받으며 싸우는 경우도 있었다. 장레이의 엄마는 이혼을 요구했는데 부부는 장레이의 양육권 문제로 다시금 크게 싸웠다. 누가 장레이를 키울 것인지 결론이 나지 않은 채 몇 년이 지났다. 장레이의 부모는 헤어진 뒤 각각 가정을 이뤘고 장레이의 양육권에 대한 관심도 점점 시들해졌다. 후에 장레이의 엄마는 남편을 따라 외국으로 갔고 장레이는 아빠와 함께 살게 되었다.

장레이의 계모는 불같은 성격이었는데 남편과 다툴 때마다 장레이를 때리거나 욕했다. 계모는 장레이를 늘 욕했고 밥을 주지 않는 때도 있었다. 어린 장레이는 계모의 학대를 받아도 그저 혼자서 눈물만 흘리며 모든 것을 묵묵히 견뎠다. 나이가 들면서 장레이는 마음속 분노를 학교 친구들에게 퍼부었는데 특히 여학생들을 때리고 괴롭혔다.

장레이의 사정을 알게 된 상담교사는 장레이의 담임교사에게 그가 폭력적이고 싸움을 좋아하는 원인을 설명했다. 자초지종을 들은 담임교사는 이렇게 말했다. "어린 나이에 그런 일을 겪다니 너무 불쌍하네요. 장레이를 포기해서는 안 되겠어요." 담임교사는 학생들에게 장레이와 친구가 되도록 노력해보고 그에게서 장점을 발견해보라고 독려했다. 그 이후 장레이도 행동을 조심하기 시작했고 전에 자신이 괴롭히고 때렸던 여학생들에게 미안하다고 사과했다. 어느 날 장레이 옆자리에 앉은 여학생이 다정하게 말했다. "너 웃을 때 입가에 생기는 보조개 말이야, 되게 예쁘다."

학대를 받은 아동은 정상적인 아동보다 사랑과 관심을 더 갈망한다. 그러나 그들이 밖으로 드러내는 행동은 생각과는 영 딴판일 때가 많다. 장레이의 경우 다른 아이들을 때리면서 자신의 불만을 발산했고 그로써 선생님과 친구들의 주목을 받았다. 만약 이후로도 주변 사람들이 장레이를 이상한 사람으로 취급했다면 장레이는 더욱 좋지 않은 행동을 보였을 것이다. 주변 친구나 교사가 장레이를 받아들이고 도와주었기에 혼자만의 세계에서 빠져나와 사람들과 어울릴 수 있었다.

04

당신의 문제는 의존적 어른

- 홀로 서지 못하는 아이

20대 청년이 게으름 때문에 집에서 굶어죽었다는 이야기를 들으면 당신은 아마 누군가 지어낸 우스갯소리라고 여길 것이다. 그런데 그런 일이 실제로 일어났다.

양쉬는 어느 농촌 가정에서 태어나 어릴 때부터 부모의 지극한 보살핌을 받고 자랐다. 한 번도 농사일을 한 적이 없고 집안일조차 손도 댄 적이 없다. 양쉬가 여덟 살 때 부모는 외출하면서 아들을 잃어버리기라도 할까봐 지게에 양쉬를 앉히고 밖에 나갔다. 양쉬는 좀 더 커서 농사일을 도우려고 했으나 부모는 힘들다며 말렸다.

학교에 들어간 양쉬는 공부하기를 싫어했고 숙제도 하지 않았다. 선생님이 그를 야단치자 양쉬는 곧바로 집으로 가서 부모에게 불평했다. 양쉬의 부모는 다음날 학교를 찾아가서 선생님에게 항의했고, 그 후 선생님은 더 이상 양쉬에게 관심을 보이지 않았다.

양쉬가 열세 살 때 아버지가 암으로 세상을 떠났다. 어머니는 전과 다름없이 아들을 보살폈고 아무리 힘들어도 아들에게 일을 시키지 않았다. 어머니는 나이가 들면서 기운도 떨어지자 양쉬에게 일을 거들라고 시켰다. 그러자 양쉬는 일을 거들기는커녕 자신에게 일을 시킨다며 어머니를 때렸다. 양쉬의 어머니는 하는 수 없이 혼자서 농사와 집안일을 도맡아 했다. 그러다 보니 과로가 누적되어 양쉬가 열여덟 살 때 세상을 떠났다.

혼자 남은 양쉬는 집에 돈이 될 만한 물건은 모조리 팔았고 배가 고프면 마을사람들의 집에 찾아가서 밥을 얻어먹었다. 그는 입고 있던 옷을 전혀 빨지 않았고 이웃들이 그에게 고기와 채소를 주어도 음식을 만들지 않을 뿐더러 썩을 때까지 바닥에 그대로 두었다. 양쉬는 이웃집에서 한 끼를 얻어먹고 나면 집으로 돌아와 종일 자다가 다시 배가 고파지면 다른 집으로 가서 음식을 구걸했다. 마을사람 중 한 명은 이렇게 말했다. "나이도 먹을 만큼 먹어서 밥을 빌어먹다니. 저렇게 게으른 사람은 지금껏 본 적이 없어."

겨울이 되자 그는 집안에 땔감으로 쓸 수 있는 물건은 모조리 태워서 불을 지폈고 심지어 침대까지 부수어서 땔감으로 썼다.

그가 스물세 살이 되던 해 며칠 동안 연이어 폭설이 내렸다. 양쉬가 걱정된 사촌형이 음식과 이불을 챙겨서 집으로 찾아왔지만 들어가 보니 양쉬는 이미 죽은 지 한참 지난 후였다.

자상하지 못한 것보다 가르칠 줄 모르는 것을 걱정하라

양쉬는 죽고 난 뒤 '세상에서 가장 게으른 사람', '최강의 게으름뱅이'라고 불렸다. 그의 비극적인 죽음 뒤에는 자식을 향한 부모의 무분별한 사랑이 있었다. 중국의 유학자 사마광은 이런 말을 남겼다. "어머니가 된 자는 자애롭지 못한 것을 염려할 것이 아니라 사랑할 줄 알되 가르칠 줄 모르는 것을 염려해야 한다."

부모가 자식을 끔찍하게 아끼는 것은 당연한 일이다. 그런데 자녀가 원하는 것이면 그것이 합당하든 합당하지 않든 무조건 들어주는 부모가 갈수록 많아진다는 것은 문제다. 그런 환경에서 자란 아이는 이기적이며 무슨 일을 하든 자기중심적으로 생각한다. 남을 배려하지 않고 부모에 대한 배려는 더더욱 없다. 심각한 경우에는 범죄자가 되거나 제2의 양쉬가 될 수도 있다.

쉬징은 집에서 가장 나이가 어린 남자아이다. 위로 누나 셋과 형 한 명이 있지만 형제들 모두 이미 장성해서 가정을 꾸렸다. 부모가 마흔이 넘어서 낳은 쉬징은 눈에 넣어도 아프지 않은 막내아들이었다. 그는 어려서 큰누나의 아들 샤오쿤과 함께 자랐다. 샤오쿤보다 한 살 더 많은 쉬징은 무엇이든 가장 좋은 것은 자신이 차지하고 자기가 원하는 것은 무엇이든 들어주어야 된다고 생각했다. 쉬징과 샤오쿤은 같은 해에 고등학교에 입학했다. 샤오쿤은 시내에 있는 명문 고등학교에 합격했지만 쉬징은 성적이 좋지 않아 직업학교에 들어갔다. 얼마 지나지 않아 쉬징은 같은 학교 학생들과 싸워서 퇴학당했다. 학교에 가지 않게 되자 쉬징은 종일 PC방을 전전했고 돈을 다 쓰면 집으로 가서 부모에게 돈을 요구했다. 부모가 돈을 주지 않으면 집안에 값나가는 물건들은 모두 팔아치웠다. 돈을 구할 방법이 더 없는 날에는 큰누나에게 가서 돈을 달라고 떼썼다. 누나가 돈을 주지 않으면 그는 "샤오쿤 학교 보낼 돈은 있으면서 나에게 줄 돈은 없다는 거야?"라며 억지를 부렸다. 누나도 어쩌지 못해서 가끔씩 돈을 마련해주었다.

　나중에 부모가 모두 세상을 떠나자 쉬징에게는 돈을 달라고 떼를 쓸 사람도 없어졌고, 화가 난다고 욕할 사람도 없어졌다. 말썽을 부려도 뒤처리를 해줄 사람도 없었다. 큰누나네 식구는 부모님이 돌아가시자 다른 도시로 이사를 갔다. 쉬징은 외톨이가 되어 여전히 건달로 살아가고 있다.

05

선한 욕구가 과잉행동이 되지 않으려면

– 문제아의 심리학

수업시간에 일부러 말썽을 일으켜서 교사의 수업을 방해하는 아이를 한번쯤 본 적이 있을 것이다. 어떤 아이는 날카로운 물건으로 책상을 그어서 신경을 자극하는 소음을 만든다. 어떤 아이는 수업 중간에 몰래 교실을 빠져나간 뒤 교사에게 잡혀 와서 다른 학생들 앞에서 야단을 맞는다. 한편 어떤 아이는 교사가 질문하면 열심히 손을 들지만 대답할 기회를 주면 엉뚱한 이야기를 해서 교실을 웃음바다로 만든다. 어떤 아이는 별의별 장난을 쳐서 수업 분위기를 망친다.

샤오제는 초등학교 5학년 학생이다. 학교에서 그는 말썽꾸러기로 유명하다. 그를 가르치는 교사 모두 샤오제 때문에 애를 먹었다. 그는 수업시간에 큰소리로 노래를 부르거나 몰래 교실 뒤로 가서 라이터로 쓰레기통의 휴지를 태운 적도 있었다. 그의 담임교사는 샤오제와 면담을 하고 샤오제의 부모를 만나 상담도 했지만 좀처럼 나아지지 않았다.

어느 날 새로 부임한 후밍 미술 선생님이 수업시간에 학생들에게 종이학 접는 법을 알려주었다. 그때 갑자기 샤오제가 자기 자리에서 노래를 부르기 시작했다. 노랫소리는 점점 커졌고 다른 학생들 모두 그를 쳐다보았다. 후밍 선생님은 처음에는 샤오제에게 주의를 주었다. "샤오제, 다른 학생들 모두 종이학을 접고 있는데 너도 한번 해보렴." 샤오제는 고개를 숙이고 종이를 접는가 싶더니 얼마 못 가서 다시 노래를 불렀다.

후에 샤오제의 행동 패턴을 파악한 선생님은 속으로 생각했다. '샤오제는 친구들이 자신을 봐주길 원하고 또 선생님 관심을 받고 싶어서 그렇게 행동하는지도 몰라.' 그래서 후밍 선생님은 샤오제가 원하는 대로 해주기로 했다. 샤오제가 네 번째 노래를 부르자 선생님은 학생들에게 말했다.

"샤오제가 오늘 친구들에게 노래를 불러주고 싶어서 준비했나 보다. 그럼 우리 샤오제의 노래를 들어볼까?"

학생들 모두 손에 들고 있던 종이를 내려놓고 샤오제가 노래하기를 기다렸다. 샤오제는 눈치를 보며 앞으로 나오더니 정말로 노래를 부르기 시작했다. 수업을 마치는 종이 울렸지만 후밍 선생님은 학생들에게 샤오제의 노래가 다 끝날 때까지 자리를 지키도록 했다. 모두가 샤오제만 뚫어져라 쳐다보았다. 샤오제가 노래를 다 부르자 학생들은 부리나케 자리에서 일어나서 다음 수업을 준비했다. 선생님이 샤오제에게 말했다. "샤오제야, 친구들에게 노래를 불러주고 싶으면 선생님한테 직접 얘기하렴. 선생님이 기회를 줄게." 샤오제는 얼굴이 빨개져서 기어들어가는 목소리로 말했다. "다음부터는 수업시간에 노래 부르지 않을게요." 그날 이후부터 샤오제는 수업시간에 노래를 부르지 않았고 소란을 피우는 횟수도 줄어들었다.

아이들의 모든 행동에는 의도가 있다

상당히 많은 교사들이 샤오제가 말썽을 부리는 모습만 볼 뿐, 왜 그런 행동을 하는지 이유는 보지 못했다. 아들러의 관점에 따르면 아이들이 하는 모든 행동에는 일정한 '의도'가 있다. 아이가 큰소리로 떼를 쓰고 울고 말을 듣지 않는 것은 부모, 교사 혹은 친구들의 관심을 받고 싶어서다. 샤오제가 바로 그런 경우에 해당한다. 그는 선생님이 좋아하는 학생이 아니었고 또 성적이 뛰어난 학생도 아니었다. 하지만 다른 학생들과 마찬가지로 선생님의 관심을 받고 싶었다. 이것이 아이들의 자연스런 욕구다. 주변 사람들의 주목을 받아야만 관심을 받고 있고 사랑을 느낀다.

만약 부모나 교사가 야단치거나 혼을 내는 방법으로만 아이의 행동을 제지하려 한다면 아이는 욕구에 대한 만족을 얻지 못하고 계속해서 소리를 지르거나, 억지를 부리고, 질서를 어지럽히는 등의 과잉행동을 보일 것이다.

타오옌옌은 일하는 싱글맘이다. 최근 회사에서 맡은 새로운 프로젝트 때문에 매일 정신없이 바쁘게 일하느라 딸을 제대로 보살필 여력이 없었다. 그녀는 어쩔 수 없이 모친에게 딸의 등하교를 부탁했다.

처음 일주일 동안은 딸에게 별다른 문제가 없었다. 외할머니 집에서 저녁을 먹고 숙제를 끝낸 뒤 소파에 앉아서 엄마가 데리러 오기를 기다렸다. 두 주가 지나자 딸은 울며 떼를 쓰기 시작했고 밥도 안 먹고 숙제도 안 하려고 했다. 외할머니가 어디 아프냐고 물으면 머리가 아프다고 했다가 다리가 아프다고 했다. 또 조금 지나면 배가 아프다고 말했다. 외할머니가 병원에 데리고 가서 진찰을 받게 했지만 의사는 아무런 증상도 발견하지 못했다. 외할머니는 결국 옌옌에게 전화를 걸어 이 사실을 알렸다.

허겁지겁 학교에 도착한 옌옌은 멀리서 다른 친구와 이야기하며 걸어오는 딸을 보았다. 딸은 엄마를 보자 한달음에 달려와서 옌옌의 다리를 감싸안고 작은 얼굴을 비볐다. 집으로 가는 길에 옌옌은 모친과 회사에서 일어난 일을 얘기했다. 딸은 옆에 앉아서 옌옌의 옷을 잡아당기고 손을 옌옌의 주머니에 넣는 등 옌옌이 모친과 이야기하는 것을 방해했다.

옌옌은 모친에게 하소연하느라 딸의 이런 행동에 주의를 기울이지 못했다. 그런데 잠시 후 딸이 차 안에서 목 놓아 울기 시작했다. 옌옌은 딸에게 왜 그러는지 물었다. 딸은 외할머니 집에 있을 때처럼 머리가 아프다고 했다가 다시 다리가 아프고 또 배가 아프다고 말했다. 모친이 말했다. "요즘 매일같이 저런단다. 의사 선생님 말로는 잘못된 데가 없다고 하는데 한번 울기 시작하면 그치지를 않아."

옌옌은 서둘러 집에 갈 생각에 차를 세우고 딸을 달랠 겨를이 없었다. 다행히 집에 돌아온 뒤 딸의 기분은 다소 누그러져 있었다. 옌옌이 딸에게 물었다. "왜 그렇게 울었어? 어디가 아파?" 딸은 설움에 북받쳐서 목이 멘 채 말했다. "엄마, 나 이제 엄마 딸 아니야? 왜 날 봐주지 않아? 며칠 동안이나 나 보러오지도 않았잖아? 난 엄마가 보고 싶었는데… 엄마가 보고 싶었다고." 옌옌은 그제야 딸이 떼를 쓴 이유가 자신이 관심을 보이지 않아서임을 알아차렸다. 딸은 지금껏 울고 떼를 쓰는 방식으로 그녀의 주의를 끌려고 했던 것이다.

뇌 발달에 가장 적합한 환경

소설 한 권을 읽고 나면 우리 뇌에 이 소설을 담아둘 공간이 생길까? 경제학 이론서의 한 챕터를 읽고 나면 뇌에 곧바로 변화가 생길까? 답은 모두 '그렇다'이다. 뇌는 새로운 사물을 접수하면 그에 대한 생생한 기록을 남긴다. 민감한 정보이든 일반적인 정보이든 뇌에 일정한 공간을 차지하며 이후 뇌가 선택할 결정에 영향을 준다. 이것이 바로 삶에서 얻은 경험이 뇌의 발달에 영향을 끼치는 이유이기도 하다.

열악한 환경과 우수한 환경이 뇌의 발육과 기능에 어떤 영향을 끼치는지 살펴보고자 했던 한 연구자의 실험을 보자.

연구자는 실험에서 열악한 환경 속 흰쥐는 비좁은 우리에서 살게 했고 물과 먹이 외에는 다른 아무것도 주지 않았다. 좋은 환경 속 흰쥐는 넓은 우리에서 살게 했고 매일 주어지는 새로운 장난감을 마음껏 가지고 놀게 했다. 몇 개월에 이르는 관찰을 통해 연구자는 두 흰쥐의 차이를 발견했다. 좋은 환경에서 산 흰쥐의 대뇌피층의 무게와 두께 수치가 열악한 환경에서 산 흰쥐보다 더 컸으며 그 차이도 매우 뚜렷했다. 그 외에 연구자는 늙은 흰쥐라도 좋은 환경에서 살면 좋은 변화가 일어나는 것을 발견했다. 이 실험을 진행한 연구자는 우월한 환경이 인간의 뇌 발달에 분명 긍정적인 영향을 준다고 믿게 되었다.

과거의 한 관찰에 의하면 심신이 정상인 아동을 삭막한 고아원에 3개월 동안 지내게 하자 아동이 심리발달상의 민감성을 잃었다고 한다. 게다가 정신적인 자극이 부족한 환경에 살다 보니 지적능력의 발육이 늦어지고 심지어 지능지수가 20 이상 떨어졌다. 이를 통해 볼 때 성장과정에서 관심받지 못하고 학대 혹은 성폭력을 당한 아동에게서 남들과 다른 이상행동이 나타나거나 심지어 반사회적 행동이 보이는 것도 심리학적 설명이 가능한 현상으로 보인다.

또한 사람이 종사하는 직업과 살아온 경험도 뇌에 깊은 흔적을 남긴다. 뛰어난 실력을 가진 피아노 연주자는 자신의 왼손을 극도로 섬세하게 통제해야 하지만 오른손을 움직일 때는 한결 수월하다. 뇌영상 기술을 이용해서 측정해보면 피아노 연주자의 왼손가락의 피층을 가리키는 영역이 일반인보다 훨씬 크다. 한편 오른손은 피아노 연주에서 섬세한 감각을 그다지 많이 필요로 하지 않기 때문에 그에 해당하는 피층에는 뚜렷한 변화가 없다.

현재 신경과학연구의 중요한 목표 중 하나는 좋지 않은 환경이 뇌에 끼치는 영향을 가급적 줄일 수 있는 방법을 고안하는 것이다. 이러한 연구를 통해 열악한 환경에서 자라서 적절하게 개발되지 못한 아동의 뇌가 개선되리라 기대한다.

6

타인에게 쉽게
휘둘릴 때 바로
써먹는 심리학

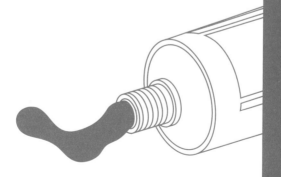

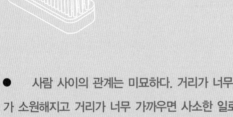

●　　사람 사이의 관계는 미묘하다. 거리가 너무 멀면 관계가 소원해지고 거리가 너무 가까우면 사소한 일로도 갈등이 생긴다. 6장에서는 서로가 손발을 펼 수 있거나 날개를 펼칠 수 있을 만큼의 거리를 유지하면서 서로 부축할 수 있되 부딪히지 않고, 서로 기댈 수 있되 매달리지 않는 심리학 법칙을 살펴본다.

01

우리는 지나치게 가깝습니다
– 서로를 존중하는 법

어떤 사람이 홀로 차를 몰고 여행을 떠났다. 네이멍구에 들어섰을 때 그의 시야에 그림처럼 아름다운 풍경이 펼쳐졌다. 끝없이 펼쳐진 벌판은 온통 초록빛으로 가득했고 저 멀리 떨어진 풀밭에는 보일락 말락 한 몇 마리 소와 양이 풀을 뜯고 있었다. 푸르른 하늘에는 흰 구름이 두둥실 떠 있고 검은색 송골매가 공중을 선회하며 지면으로 내려가는가 싶더니 금세 하늘 높이 솟아올랐다.

그는 이 보기 드문 풍경에 감탄하며 생각했다. "이것이야말로 시에서 읽던 푸르른 초원이 아닌가?" 그는 차에서 내린 뒤 서둘러 카메라를 꺼내 눈앞의 화면을 사진으로 남기고자 했다. 좀 더 가까운 거리에서 사진을 찍기 위해 도로를 나와서 초원으로 들어갔다. 그런데 초원에 가까이 다가간 그는 소스라치게 놀라고 말았다. 공중을 비상하던 송골매는 바람에 날리는 검은색 비닐 봉투였던 것이다. 그는 놀라서 고개를 연신 저으며 말했다. "가까이 가지 말았어야 했어. 카메라에 아름다운 화면을 담는 것으로 만족해야 했어."

아름다운 풍경과 일정한 거리를 유지하는 것이 감동을 유지하는 방법이다. 타인과 적정한 거리를 유지해야 자신도 즐겁고 상대방도 편안함을 느낀다. 가족, 연인, 친구를 불문하고 종일 가까이 지내다 보면 상대방의 단점이 눈에 띄기 때문에 각자의 마음속에 피로와 싫증이 생긴다. 따라서 적정한 거리를 둠으로써 각자에게 개인적인 공간을 주는 것이 상대방을 존중하는 것은 물론 자신을 아끼는 방법이다.

가족 사이에도 친밀하지만 최소한의 예의를 지키는 거리를 유지하고 각자의 개인적 공간을 인정하는 것이 서로의 프라이버시를 존중하는 방법이다. 사랑하는 사람이라면 친밀하지만 너무 가깝지 않은 거리를 유지하고 사랑이라는 이름으로 서로에게 상상의 여지를 남기는 것이 각자의 독립된 인격에 대한 존중이다. 친구나 동료 사이에도 적절한 거리를 유지해야 한다. 적당한 거리가 아름다움을 만든다는 말이 있다. 너무 가깝기보다 한 발 뒤로 물러나서 보면 세상이 더 아름답다.

사랑은 삶을 윤택하게 만들 뿐 개조하지 않는다

중국의 구이저우성에는 대자연이라는 조각가가 기묘한 솜씨를 발휘한 작품인 '쌍유봉雙乳峯'이 유명하다. 마치 미인의 아름다운 유방을 그대로 가져다놓은 듯한 이 두 봉우리를 지질학자와 관광객들은 '지질학의 걸작', '세계에서 가장 크고 아름다운 유방'이라고 부른다.

그러나 이 아름다운 봉우리 또한 멀리서 보아야 아름답다. 수 킬로미터 떨어진 곳에 마련된 전망대에서 쌍유봉을 보면 마치 스무 살 소녀의 유방처럼 봉긋하고 탐스럽게 솟아 있다. 산길을 따라 몇 킬로미터 앞에서 보면 소녀의 가슴은 순식간에 마흔 살 중년 여인의 유방으로 바뀌어 느슨하게 처져 있다. 조금 더 앞으로 다가가면 마흔 살 여인은 곧 예순 살 노인이 된다. 산길을 지나 쌍유봉에 오르면 어떤 아름다운 형상도 찾을 수 없다. 발아래 밟히는 돌, 아무렇게나 자라난 나무와 풀들 심지어 산 전체의 형상까지 평범하기 그지없는 두 개의 작은 산언덕으로 변해 있다.

산을 볼 때도 이러한데 사람은 어떠하겠는가? 다른 사람과 적당한 거리를 유지한다고 해서 결코 상대를 멀리하거나 마음을 닫는 것이 아니다. 다만 상대방의 삶에 그만의 공간을 남겨주는 것이다. 상대방에 대한 애정을 마음속 깊이 품을 수 있다면 적정한 거리는 서로에 대한 애정을 깊이 느낄 수 있게 한다. 적절한 거리는 친밀한 관계에 완충지대가 되어서 각자의 긴장과 피로를 그곳에 내려놓음으로써 감정을 상하게 하는 일을 방지할 수 있다.

설령 언젠가 각자 다른 길을 선택하더라도 결코 상대를 향해 악담을 퍼붓지 않을 것이다. 왜냐하면 모두가 결국은 독립된 개체이며 모든 사람은 자신의 의지에 따라 자신의 삶을 선택한다는 것을 서로 잘 알기 때문이다.

친구는 서로를 끌어올려주는 관계이지 결코 끌어내리지 않는다. 사랑은 삶을 윤택하게 만들 뿐 개조하지 않는다. 서로가 서로를 존중할 때 모든 사람은 자유와 기쁨을 얻는다. 이 얼마나 현명한 선택인가!

02

해명할수록 깊어지는 오해
– 소통의 정확성을 높이는 법

생활 속에서 가장 자주 나타나는 현상 중 하나가 바로 해명하면 할수록 오해만 깊어지는 것이다. 대화를 나누는 두 사람은 한 가지 문제에 대해 끊임없이 변명을 늘어놓지만 대화를 끝내고 나서야 비로소 문제의 핵심은 따로 있다는 사실을 깨닫는다. 이것이 바로 언어에서 생기는 오해다. 단어의 의미는 단순히 사전에 적힌 의미만 포함하지 않는다. 사용하는 사람이 그것을 이해하고 가공하고 표현하는 데에서 드러난다. 그러나 그 단어를 사용하는 사람의 나이, 교육과 문화수준에 따라 의미에도 큰 차이가 나타나기 때문에 개인이 표현하려는 언어적 의미는 그의 언어적 품격을 형성한다.

언어적 오해가 생겼을 때 나타나는 가장 중요한 특징은 화자의 말을 청자가 억측과 잘못된 논리로 이해하는 것이며 아울러 이어서 나타나는 잘못된 행동이다. 청자가 화자의 뜻을 분명히 파악하지 않으면 오해는 생기기 마련이다. 따라서 오해는 인지 현상 중 하나다.

문화가 다르면 똑같은 언어라도 다른 뜻으로 해석되는 경우가 많다. 비단 말뿐만 아니라 문자를 이용한 소통에서도 이런 현상이 일어난다. 중국 소설가 모옌이 노벨 문학상을 받은 뒤 〈뉴욕타임스〉는 모옌의 필명을 이렇게 설명했다. "모옌, 이 필명은 '말하지 마'란 뜻으로 그가 성장한 시대를 반영한다". 이 기사의 정치적 의도를 문제 삼지 않더라도 이 칼럼을 쓴 외국인은 중국 철학이 주장하는 '지식이 있는 사람은 함부로 말하지 않는다', '침묵은 금이다'라는 문화적 배경을 전혀 이해하지 못하고 있다. 중국 전통문화에 대한 무지가 언어적 오해를 일으킨 것이다.

대화의 핵심을 파악하라

어느 심리학자는 언어적 이해의 정확성은 상당 부분 언어환경에 의해 결정된다고 주장했다. 따라서 대화를 나눌 때 우리는 '대화의 핵심'에 주의를 기울여야 한다. 대화에 참여하는 사람은 '나는 어디에 있는가?', '나는 누구와 대화를 나누고 있는가?',

'우리는 무엇을 하고 있는가?' 등을 명확히 해야만 대화를 나눌 때 상대방이 말하려는 의도를 분명히 알 수 있다. 그렇지 않으면 다음에 나오는 한 쌍의 부부처럼 서로 딴 얘기를 하게 된다.

어느 저녁 식사를 마친 아내는 회사에서 가져 온 업무를 처리할 생각으로 남편에게 물었다. "거실에 있는 컴퓨터에 백신을 설치하지 않았는데 거기에 USB를 꽂으면 바이러스에 걸리지 않을까?"

남편이 대답했다. "침실에 있는 컴퓨터를 써." 아내가 말했다. "그 컴퓨터 당신이 매일 쓰는 거잖아." 남편이 다시 말했다. "난 잘 거야." 아내가 갑자기 화를 내며 물었다. "도대체 어떤 컴퓨터를 쓰라는 거야?"

남편은 어리둥절해하며 대답했다. "왜 목소리를 높여? 침실에 있는 컴퓨터를 쓰라니까. 나는 잔다고! 오늘은 그 컴퓨터 안 쓴다니까."

아내는 그제야 남편의 뜻을 이해했다. 그녀는 남편이 잠을 자겠다며 자신이 침실에 있는 컴퓨터를 쓰는 것을 원치 않는다고 생각했다. 하지만 남편은 자신이 오늘은 그 컴퓨터를 쓰지 않는 이유를 보충해서 말했던 것이다.

인류는 언어적 오해가 불러일으킨 문제를 연구했고 더 간편하고 빠르게 의사소통하는 방법을 생각해냈다. 그중 하나가 바로 '비언어적 의사소통 수단'이다. 언어적 오해가 일어날 수 있는 상황에서 인간은 표정, 손짓, 몸짓을 사용해서 특정한 함의를 전달한다. 예를 들면 고개를 끄덕이며 '동의'를 나타내고, 미소를 지으며 상대에 대한 '호의'를 전달하고, 그윽한 눈길로 관심을 표시한다. 언어소통이 순탄하지 못할 때 청자는 언어적 정보 외에 상대방의 비언어적 의사소통 수단에 주목하여 언어적 한계를 극복하고자 한다.

03

감정이 상하지 않는 화술

– 언어를 효과적으로 다루려면

시인 하이네가 연설을 끝내자 청중 한 사람이 말했다. "당신의 시는 사람의 마음을 출렁이게 하지 못하고 불태우지 못하고 사람을 감염시키지도 못합니다." 그러자 하이네가 대답했다. "맞습니다. 왜냐하면 제 시는 바다가 아니고 화로가 아니고 또 흑사병도 아니니까요."

하이네의 답변에서 그의 총명한 두뇌, 민첩한 반응뿐만 아니라 언어에 대한 정확한 파악과 활용까지도 볼 수 있다.

하이네와 같은 예민한 감각을 갖지 못한 보통사람도 그러한 경지에 오를 수 있다. 위대한 문학가 혹은 연설가가 아니라고 해도 훈련을 통해 독특한 화술과 언어에 대한 감각을 익힐 수 있다.

린위탕 선생은 많은 작품을 저술한 작가이자 언변이 뛰어난 학자였다. 그는 자신의 대작 《말하기의 기술》에서 사람의 말을 세 가지 경지로 분류했다. 높은 경지는 말을 잊는 것이고, 중간 경지는 신중한 말이고 낮은 경지는 꾸며대는 말이다.

이에 따르면 언변이 좋다는 것은 세 번째 경지를 가리킨다. 중국문화에서는 입이 무겁고 침묵을 지키는 것을 군자의 고상한 덕행으로 보았다. 군자가 되면 그의 인격이 이미 드러나기 때문에 구태여 수식을 하지 않아도 되고 많은 말이 필요 없게 된다. 말을 너무 잘하는 사람은 사람들에게 의심과 불신을 일으킨다. 그래서 입담이 좋고 과장을 잘하지만 속은 사악함으로 가득한 사람을 '교언영색巧言令色'하다고 말한다.

많은 사람들이 화술을 공부한다. 어떤 이는 생각한 바를 조금도 꺼리지 않고 솔직하게 말하고, 어떤 이는 말하려는 의도를 함축적이고 유머러스하게 전달하며 또 어떤 이는 풍자와 비아냥 사이에서 균형을 유지하는 자기만의 독특한 스타일로 말한다. 그렇다면 어떻게 해야 언어를 더욱 효과적으로 사용해서 자신의 의도를 충분히 전달하며 듣는 사람의 귀에 거슬리지 않게 할 수 있을까? 역사적으로 명성을 떨친 수많은 언어의 대가, 연설가들이 우리에게 참고가 될 만한 좋은 사례를 남겨두었다.

전하는 바에 따르면 한나라 무제는 말년에 늙지 않고 오래도록 살기를 원해서 곳곳으로 사람들을 보내 불로장생의 비법을 찾았다고 한다. 어느 날 한 무제가 조정의 대신들에게 물었다. "관상서에 보니 인중이 길수록 명이 길어서 인중이 1촌이면 백 살까지 산다고 하던데 그 말이 사실이오?"

동박삭은 황제가 불로장생의 꿈에 대해 다시금 거론하고 있음을 간파하자 큰소리로 웃었다. 황제는 동박삭이 자신을 비웃는다고 여겨 기분이 상했다. 황제가 동박삭에게 물었다. "동박삭, 어찌 감히 짐을 비웃는가?"

동박삭은 관모를 벗고 조아리며 대답했다. "소신이 어찌 감히 폐하를 비웃겠습니다. 저는 팽조를 생각하고 웃었을 뿐입니다."

한 무제가 물었다. "어째서 팽조를 비웃는가?" 동박삭이 대답했다. "팽조는 800세를 살았다고 합니다. 방금 폐하께서 인중이 1촌이면 백 살까지 산다고 하셨는데 그렇다면 팽조의 얼굴은 얼마나 길겠습니까?"

이 말을 들은 한 무제 역시 크게 웃었다. 동박삭은 우회적인 방법으로 자신의 속마음을 드러냈다. 그는 황제의 위협적인 태도에 놀라 태도를 바꾸지 않았고 오히려 듣는 사람이 거북하지 않은 방법으로 자신의 입장을 거듭 밝혔다. 언어의 우회이자 지혜가 담긴 유머다.

일과 생활에 반드시 필요한 기술

아들라이 스티븐슨Adlai E. Stevenson은 두 번의 대통령 선거에서 드와이트 아이젠하워Dwight D. Eisenhower에게 모두 패배했지만 유머가 넘친 언사로 대중의 존경을 받았다. 그가 처음 아이젠하워에게 졌을 때 기자들은 '패배자'의 소감을 듣기 위해 그의 집 앞에서 진을 치고 기다렸다. 문밖으로 나온 스티븐슨은 특유의 재치 넘치는 말로 기자들을 맞이했다. "다들 들어와서 식빵이 잘 구워졌는지 부검을 좀 해주시오."

며칠 후 스티븐슨은 어느 모임에 연설자로 초청을 받았다. 모임 장소로 가는 길에 마침 군대의 열병식이 열려서 길이 막혀 시간이 지체되었다. 그가 모임 장소에 도착했을 때 내빈들 모두 그를 눈이 빠지게 기다리고 있었다. 단상에 오른 스티븐슨은 먼저 내빈들에게 이렇게 사과했다. "죄송합니다. 제가 좀 늦었습니다. 군대의 영웅은 어디를 가나 제 앞길을 막네요."

사람들은 대화할 때 대체로 완곡한 방법으로 자신의 생각을 표현한다. 젊은 남녀가 이성에게 고백할 때도 직접적으로 '사랑해'라고 말하기보다는 우회적인 방법을 택하는 경우가 많다. 자신의 생각을 직설적으로 말하면 당사자의 감정이 상할 수 있기 때문에 말하는 사람이 관점을 바꾸거나 에둘러서 말하기도 한다. 예를 들어 외모가 추한 사람에게 "당신은 그다지 예쁘지 않네요"라고 말한다면 상대방은 자존심에 상처를 받는다. 이때 "당신은 독특한 분위기가 있네요", 또는 "당신은 개성이 강한 사람이네요"라고 말하면 상대방도 편히 받아들일 수 있고 서로 난처해지지 않는다.

영국의 유명한 작가 조지 버나드 쇼가 큰 회사를 경영하는 기업가와 나란히 앉아 연극을 관람했다. 쇼는 삐쩍 말라서 볼품이 없었고 기업가는 살이 쪄서 얼굴이 번지르르했다. 기업가는 말라깽이 작가를 조롱하느라 이렇게 말했다. "작가 선생, 당신을 보니 먹고 살기 어렵다는 것을 한눈에 알겠군요." 쇼는 전혀 당황하지 않고 웃으며 이렇게 응수했다. "저야말로 당신을 보니 왜이렇게 먹고 살기 어려운지 그 이유를 알겠습니다."

재치 있는 언변은 연설가만의 전유물이 아니고 문학가만의 특기가 아니다. 평범한 사람도 언어를 구사하는 법을 배워서 자신의 일상적인 언어생활을 더욱 풍요롭고 매력적으로 바꿀 수 있다. 언어를 잘 구사하기 위한 노력은 자신을 수련하는 방법이자, 일과 생활에 반드시 필요한 기술이다.

04

유머라는 성숙한 심리 방어기제

– 태도를 바꾸는 열쇠

유머는 영어의 'humour'에서 유래한다. 중국 언어학자 린위탕은 이 단어를 중국어 '幽默(유묵)'로 번역했다. 중국 초나라의 굴원屈原이 쓴 〈구장九章〉 중 '순혜묘묘, 공정유묵晌兮杳杳, 孔静幽默'이라는 구절에서 아무런 소리도 없는 적막함을 뜻하는 '유묵幽默'에 해학적인 함의를 더했다.

린위탕 선생은 유머란 인생에 대한 태도이자 건전한 익살, 흐뭇한 미소이며 미학적 사고방식이라고 설명했다. 그는 "한 민족이 세대를 거쳐 발전하면서 쌓인 그들만의 지혜가 적절한 시기가 되면 유머의 꽃봉오리로 피어난다"라고 말했다. 유머란 '지혜의 검을 휘둘렀을 때의 번득임'이며 '화학작용'을 일으켜서 복잡한 문제도 단순하게 만들 수 있기 때문이다. 그렇기 때문에 유머는 인류가 몸짓, 언어, 감정을 통해 개성을 표현하는 특수한 방식이다.

1979년 미국의 유명한 심리학자 노먼 커즌스Norman Cousins는 정신질환자의 스트레스를 감소시키기 위해 웃음치료법을 제안해서 유머를 임상치료에 응용한 최초의 심리학자다. 그는 스트레스와 긴장이 과도한 환자라도 자주 웃으면 즐거움, 희망, 자신감 등 적극적인 정서를 다시금 체험할 수 있다고 믿었다. 노먼은 십 여 년에 걸친 임상연구를 통해 스트레스가 혈압상승, 근육위축, 면역력 저하 등과 같이 인간의 심신에 좋지 않은 영향을 주는 데 반해 웃음은 완전히 반대되는 변화를 일으킨다는 사실을 발견했다.

프로이트는 웃음이 사회가 용납하는 방식으로 자신의 마음에 억눌린 욕망을 표현한다고 보았다. 사람들은 재미있는 이야기를 할 때 이드(id : 정신분석 용어로 자아, 초자아와 함께 정신을 구성하는 하나의 요소)의 원시적이고 본능적인 에너지를 자유롭게 표출한다. 사람들은 간밤에 꾼 꿈을 잊어버리듯이 재미있는 이야기도 금세 잊는다. 그래서 사람들이 재미있는 이야기를 듣거나 하는 것을 좋아하는 것이다. 실제로 재미있는 이야기가 웃음을 유발하는 것은 그것이 긴장되고 억눌린 감정을 완화시키고 합리적으로 분출하게 만들기 때문이다.

미국에서 유머에 관해 조사한 결과에 따르면 사람들이 유머의 제재로 성性, 소멸, 죽음을 가장 좋아한다고 한다. 이 결과는 프로이트의 주장을 확실히 뒷받침한다. 실제로 한 사람의 잠재의식에서 억눌린 것이 무엇인지는 그기 어떤 종류의 농담을 좋아하는지를 통해 알 수 있다.

근심을 유머로, 고통을 기쁨으로 바꿔라

레닌은 "유머는 아름답고 건강한 품성이다"라고 말했다. 심리학적 관점에서 유머는 성숙한 심리방어기제이며 사람들이 곤경에 처했을 때 선택하는 자기해방의 한 방법이다. 인간은 결코 마음이 즐거운 상태에서 화를 내지 못한다. 그래서 심리학자들이 화난 사람에게 '웃음 치료법'을 자주 사용하는 이유가 바로 여기에 있다. 환자들은 큰소리로 웃고 나면 마음에 가득 찼던 분노가 자연스럽게 사라진다. 곤란한 상황에 처하거나 망신을 당한 사람들도 웃음을 유발함으로써 어색하고 난처한 분위기에서 벗어나고 심리적으로도 안정을 얻는다.

러시아의 우화작가 이반 끄르일로프가 아파트를 빌리기 위해 주인과 임대계약을 맺었다. 욕심 많은 집주인은 계약서에 다음 조항을 추가했다. '월세를 기한 내에 내지 않으면 벌금 XX를 부과한다.' 집주인은 이 조항의 금액란에 거액의 숫자를 적었다.

끄르일로프는 계약서를 보고는 펜을 집더니 숫자 뒤에 0을 하나 더 적었다. 그러자 집주인이 놀라서 물었다. "아니, 이렇게나 많이요?" 끄르일로프는 대수롭지 않다는 듯이 대답했다. "어차피 제가 배상할 수 있는 금액이 아닌걸요."

사람의 정신세계에는 다양한 정서가 동시에 존재한다. 비통하고 분할 수도 있고, 근심과 걱정이 가득할 수도 있다. 만약 끄르일로프처럼 걱정과 근심을 유머로 바꿀 수 있다면 고달픈 인생에서 활력소를 얻을 것이다. 이와 같은 자조의 정신으로 끄르일로프는 집주인의 탐욕을 풍자하는 동시에 자신의 낙천적이고 긍정적인 심리를 보여주었다.

어느 만우절에 누군가가 마크 트웨인에게 짓궂은 장난을 쳤다. 뉴욕의 한 신문에 '마크 트웨인이 사망했다'라는 부고를 발표한 것이다. 이 소식을 듣자 전국 각지에서 마크 트웨인의 집에 조문을 왔다. 하지만 그들은 부고란에 이름이 오른 작가가 자기 집에서 멀쩡하게 집필하고 있는 모습을 보자 이구동성으로 헛소문을 퍼뜨린 신문사를 비난했다. 그러자 마크 트웨인은 조금도 화난 기색이 없이 담담하게 말했다. "신문사에서 올린 내 부고가 틀린 건 아니야. 단지 날짜를 앞당겼을 뿐이라네."

인생에서 유머는 매우 훌륭한 자양분이어서 인생의 험로를 지나고 있는 사람에게 고통을 잊게 해주고 깊은 혼란에 빠진 사람에게 기쁨을 찾아준다. 유머를 잘 구사하는 사람은 그들의 삶마저 멋지다. 그러나 유머를 잘 구사하려면 기술과 지혜가 필요하다. 재주와 학식이 얕은 사람은 유머감각이 떨어지고 유머를 남용하는 사람은 상대방이 반감을 느껴서 피하려고 한다.

조지 버나드 쇼는 소년시절 매우 똑똑했고 유머감각이 풍부했다. 하지만 그는 언제나 독설을 퍼부었고 농담을 하며 상대방을 비꼬았다. 사람들은 그의 농담을 들을 때마다 마치 조롱받는 기분이 들어 매우 불쾌해했다.

한번은 버나드 쇼의 친구가 그에게 말했다. "자네는 정말 농담을 잘해. 재미있고 지혜도 담겨 있고 자네의 재능도 여실히 보여주지. 하지만 자네가 농담을 할 때 모든 사람들이 불편해한다는 사실을 알고 있나? 자네의 재능이 다른 사람보다 뛰어나고 자네가 하는 농담에 다들 웃기는 하지만 사람들 모두 자네가 그 자리에 없다면 훨씬 더 즐거울 거라고 생각한다네."

친구의 말에 버나드 쇼는 꿈에서 깨어난 것만 같았다. 그는 자만심에 빠져서 자신의 농담이 다른 사람을 괴롭게 한다는 사실을 전혀 의식하지 못했다. 그날 이후 그는 유머를 남용하는 습관을 버리고 자신의 재능을 문학작품에 쏟았다.

05

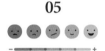

우리는 왜 낯선 이에게
호의를 베푸는가

- 이타적 행동에 숨겨진 심리학

원촨文川 대지진이 발생했을 때 수만 명의 자원봉사자가 재난지역으로 와서 이재민들을 도왔다. 눈사태가 발생했을 때 수많은 사람들이 자동차에 갇힌 여행객들에게 음식과 물을 보냈다. 길을 걷던 노인이 쓰러지면 지나가던 어린아이가 뛰어와 노인을 부축했다. 어린아이가 위중한 병에 걸렸다는 소식을 듣고 백방으로 연락해서 도움을 주는 사람들이 있다. 참극이 벌어지는 사건 현장이면 어디든 인간의 선한 본성이 빛을 발하는 행동을 볼 수 있다. 이런 행동의 최종적 목적은 다른 사람을 돕는 것이다.

인간은 사회 혹은 가정의 일원으로서 타인과 협력하며 살아간다. 재난이 발생했을 때 함께 상황을 수습하고 위기가 닥치면 다른 사람을 위해 자신의 이익마저 희생한다. 이러한 감동적인 이타적 행동에는 어떤 심리가 담겨 있을까?

폭설이 내리던 어느 날 고속도로에서 추돌사고가 일어났다. 고씨는 자신의 차에 친구를 태우고 고속도로를 달리고 있었다. 그런데 옆 차선에서 주행하던 승용차가 브레이크 이상으로 차선을 이탈하자 고씨는 자신의 차로 사고 차량을 막았고 십여 미터까지 미끄러지고 나서야 겨우 차를 멈출 수 있었다. 하마터면 큰 사고가 일어날 수도 있었다. 나중에 알려진 바에 의하면 사고 차량의 운전자는 술을 마신 뒤 운전을 하다 눈길에 차가 미끄러졌던 것이다.

스물다섯 살의 고씨는 당시 상황을 이렇게 회상했다. "그때 조금씩 속도를 높여서 측면에서 사고 차량으로 다가갔습니다. 그런 뒤 속도를 늦춰서 사고 차량이 전진하지 못하도록 길을 막았습니다. 사고 차량이 제 차와 부딪쳤을 때 제 머릿속에 떠오른 유일한 생각은 '저 차를 세워야겠다'뿐이었습니다."

고씨는 어떤 이유로 목숨을 잃을 수 있는 위험한 상황에서 낯선 사람을 구한 것일까? 그는 자신의 이익을 생각한 것일까? 아니면 다른 사람을 돕는 인간의 본능에서 나온 행동일까? 잠시 주제와 동떨어진 이야기를 하겠다.

'이타적 행동'에 관한 실험 중에서 미국과 일본의 피험자는 다음 질문을 받았다. "세 사람이 매우 위험한 상황에 처해서 금방이라도 생명을 잃을 수 있는 상황인데 당신은 그중 한 사람만 구할 수 있다면 누구를 구하겠는가? 이 세 사람은 당신의 형제, 삼촌, 지인이다."

실험결과 피험자들이 구하겠다고 선택한 사람은 자신과 혈연관계에 있는 사람이었다. "일상생활에서 이 세 사람이 당신에게 도움을 청한다면 누구를 돕겠는가?"라는 질문에도 피험자들은 혈연, 친족 관계인 사람을 선택했다.

유전학의 분류에 따르면 피험자는 형제와 2분의 1의 유전자를 공유한다. 삼촌은 피험자와 4분의 1의 유전자를 공유한다. 지인은 피험자와 아무런 혈연관계가 없다. 진화심리학의 연구결과를 보면 인간은 곤경에 처한 친척을 더 돕고자 한다. 그들이 자신과 혈연관계이기 때문에 공통된 유전자가 있어서 그들을 돕는 것이 곧 자신의 유전자를 보전하는 것과 같다고 여긴 것이다. 심리학자는 이런 이타적 행동을 가리켜서 '친척간의 이타적 행동'이라고 부른다.

실제로 실험에 참여한 피험자는 자신의 친척을 구하기 위해 생명을 잃을 위험을 무릅쓸 필요는 없었지만 우리는 그들의 선택을 확인할 수 있었다. 이런 행동은 가족의 유전자를 보호하기 위한 것인데 이것이 이타적 행동을 유발하는 동기가 되었다. 그러나 고씨는 음주운전자와 아무런 혈연관계도 없는데도, 왜 목숨을 잃을 수 있는 상황에서 타인을 구하려 했을까?

호혜적 이타주의와 유전학

이 질문에 대한 답을 찾기 위해 심리학자들은 '호혜적 이타주의Reciprocal Altruism'를 연구했다. 사람들은 '오늘은 내가 너를 도왔으니 내일은 네가 나를 도와야 한다'라는 상호성의 법칙Law of Reciprocality에 따라 다른 사람을 정성껏 돕는 것이고 그럼으로써 이타적 행동에 존재 이유가 생긴다.

'호혜적 이타주의'는 진화론으로도 설명이 가능하다. 이렇게 행동하는 것이 개체의 생존에 유리하고 또 집단의 유전자가 이어질 수 있도록 보호할 수 있다. 실제로 인류학자는 다른 동물에서도 이런 '호혜적 이타주의'에 따른 행동을 발견했고 '호혜성'이 생물 종이 진화하는 과정에서 작용한다고 밝혔다.

독수리는 토끼를 사냥할 때 여러 마리가 '전투조'를 이루어 협동작전으로 사냥감을 획득한다. 독수리 한 마리가 땅에서 어지럽게 다니면 풀 속에 숨어 있던 토끼가 놀라서 달아난다. 이때 공중을 선회하던 다른 독수리가 빠르게 날아와서 놀란 토끼를 낚아챈다. 이런 협동작전으로 토끼를 사냥하는 확률을 높인다.

흡혈박쥐의 세계에도 이와 같은 호혜적 이타행동을 확인할 수 있다. 흡혈박쥐는 피를 마셔야만 살 수 있는데 사흘 동안 피를 마시지 않으면 굶어죽는다. 하지만 피를 얻는 것이 쉬운 일이 아니다. 흡혈박쥐들이 사냥에 나선다 해도 모두가 피를 얻을 수 있는 것이 아니다. 이때 피를 구한 박쥐들은 굶어죽을 위기에 처한 박쥐에게 자신이 얻은 피를 양보해서 고비를 넘기도록 도와준다. 도움을 받은 박쥐들도 다음에 피를 구하면 동료를 위해 자신의 몫을 선뜻 양보할 것이다.

사회에서 다른 사람을 돕는 행동을 '호혜적 이타주의'로 모두 설명할 수는 없다. 왜냐하면 상대방으로부터 호의를 얻으리라는 기대 없이도 인간과 동물은 동료와 협력하고 가지고 있는 것을 나눈다. 아프리카 나미비아의 한 소수민족은 자신이 사냥해서 잡은 것을 다른 부족민에게 나눠준다. 그 부족민들은 사냥기술이 좋지 않아서 이후에 보답할 가능성이 전혀 없는데도 말이다.

이타적 행동에 관한 위의 연구는 종족 보전과 호혜성에 입각한 이타적 행동 외에 개별적인 이유로 이타적인 행동을 보이는 것을 알 수 있다.

무자퍼 셰리프의
피암시성 실험

무자퍼 셰리프Muzafer Sherif는 미국 펜실베이니아대학의 사회심리학 교수
다. 그는 사회규범의 형성과정을 관찰하기 위해 특수한 암실을 만들었다.
외부환경과 격리된 실험실 환경을 만들어 실험실에 있는 피험자가 실험실
내부의 구체적 상황에 따라서 새로운 행동 기준을 만들도록 했다.

실험에 자원한 피험자 A가 암실 안으로 들어갔다. 그의 맞은편 4.5미터
떨어진 곳에 광점이 나타났다. 처음 광점은 아무런 변화가 없다가 몇 초 후
에 불규칙적으로 움직이기 시작하더니 나중에는 사라졌다. 셰리프는 피험
자에게 광점이 움직인 거리를 물었다. 피험자 A는 15센티미터라고 대답했
다. 셰리프는 방금 일어났던 상황을 다시 반복했다. 두 번째 실험에서 피험
자 A는 광점의 이동거리를 25센티미터라고 대답했다. 실험의 횟수가 증가
하면서 피험자 A의 대답은 평균값 20센티미터에 점차 근접해갔다.

다음날 피험자 A는 다시 실험에 참가했고 다른 두 명의 피험자가 추가
로 투입되었다. 암실에서 광점이 다시 나타나자 나중에 투입된 두 피험자

는 전날의 경험에 근거해서 한 사람은 2.5센티미터, 다른 한 사람은 5센티미터라고 각자가 추정한 거리를 말했다. 피험자 A는 다른 사람들의 대답이 자신과 크게 차이가 나자 의아하게 여겼고 자신의 수치를 그대로 말해야 할지, 아니면 다른 사람들의 판단에 동조해야 할지 고민했다. 그날 이후 이틀 동안 모든 피험자들은 이 실험을 반복했다. 그 결과 피험자들은 자신이 원래 생각했던 광점의 이동거리를 수정해서 말했다. 이 실험실에서 집단규범이 생겨났음을 알 수 있다. 이 규범은 원래 처음에는 존재하지 않았다. 셰리프는 실험에서 자동운동 효과Autokinetic Effect를 이용했는데 이때 광점은 전혀 이동하지 않았다. 따라서 이동거리는 애초에 존재하지 않았다.

셰리프는 이 실험에서 개인이 집단의 암시를 받아들이는 피암시성Suggestibility 현상을 연구했다. 이 현상은 일상생활 속에서 쉽게 찾아볼 수 있다. 한 사람이 하품을 하면 주변 사람들은 전혀 피곤하지 않아도 하나둘 따라서 하품을 한다. 실험에서 실험조수를 투입한 뒤 실험조수가 문제에 답할 때 다리를 흔들거나 손을 만지작거리면 다른 피험자들은 자기도 모르게 실험조수의 동작을 따라한다. 심리학자 제이콥스와 캠벨R. C. Jacobs & D. T. Campbell은 '잘못된 정보'의 전달에 대해 한층 더 깊게 연구했다. 그들은 셰리프가 설계한 실험을 기초로 하여 실험조교를 한 명 더 늘렸다. 실험조교는 광점의 이동거리를 과장하여 말함으로써 다른 피험자들의 판단을 방해했다. 그 결과 실험조교에 의해 과장된 거리가 피험자들 사이에 계속 전달되었고 피험자들은 다른 사람들에게 잘못된 정보를 계속 전달하고 있었지만 정작 본인은 그 사실을 전혀 몰랐다.

사랑을 알고 싶을 때
바로 써먹는 심리학

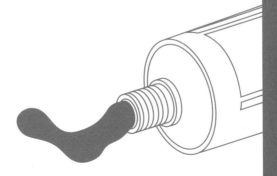

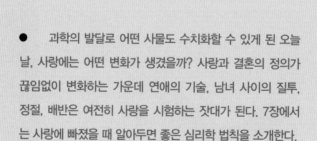

● 　과학의 발달로 어떤 사물도 수치화할 수 있게 된 오늘
날, 사랑에는 어떤 변화가 생겼을까? 사랑과 결혼의 정의가
끊임없이 변화하는 가운데 연애의 기술, 남녀 사이의 질투,
정절, 배반은 여전히 사랑을 시험하는 잣대가 된다. 7장에서
는 사랑에 빠졌을 때 알아두면 좋은 심리학 법칙을 소개한다.

01

사랑하는 사람에게
마음속 쓰레기를 버리는 법
– 고민 들어주기와 고민 털어놓기

셜리와 피터는 서로 연락하지 않은 지 꽤 오래되었다. 피터의 아내 아만다가 두 사람의 예전 관계를 불편하게 여겼기 때문에 셜리는 여태껏 피터에게 먼저 전화를 걸지 않았고 직장에서도 가능한 한 피터를 멀리했다. 하지만 셜리는 자신이 만난 사람들 중에서 피터야말로 가장 예의 바르고 매력이 넘치며 여자의 마음을 잘 헤아리는 남자라는 점은 부인하지 못했다. 안타깝게도 두 사람은 끝내 맺어지지 못했다.

어느 날 아침 셜리는 피터의 전화를 받았다. 두 사람은 퇴근 후 회사 근처 커피숍에서 만나기로 약속했다. 셜리는 무슨 일인지 자세히 묻지 않았지만 어떤 상황에서도 결코 피터의 외도의 대상이 되지 않으리라 결심했다.

커피숍에 들어선 셜리는 피터를 보고 놀라서 입을 다물지 못했다. 그는 머리에 붕대를 칭칭 감고 있었고 팔에도 크고 작은 상처가 있었다. 셜리가 무슨 일이냐고 물었더니 피터는 한숨을 길게 내쉰 뒤 대답했다.

"말도 마, 이게 웬 망신인지. 아만다가 끓는 물을 나한테 부었어." 피부에 온통 물집이 생겼고 화상이 무척 심각해보였다. "어떻게 끓는 물을 사람에게 부을 수 있어? 이건 가정폭력이야, 범죄라고!" 피터는 고개를 절레절레 흔들며 대답했다. "내가 뭘 잘못해서 그 사람이 나한테 이렇게까지 화를 내는지 잘 모르겠어. 어제 아내가 친구랑 백화점에 나가서 옷이며 신발이며 잔뜩 쇼핑을 하고 왔더라고." "혹시 돈을 많이 썼다고 잔소리한 거야?" 셜리가 피터의 말을 끊고 물었다. "아니야, 내 말 좀 들어봐. 이번 주말에 초대받은 파티가 있어. 신경 써서 잘 차려 입고 가야 하는 파티거든. 아만다는 그 파티에 입고 갈 옷을 준비하느라 신경이 예민해 있었어. 그래서 치마 두 벌을 꺼내서 붉은색이 어울리는지 금색이 어울리는지 내 의견을 묻더라고. 그런데 사실은 지난주에 상사가 내 인센티브를 깎아서 그 일로 기분이 안 좋았어. 아만다가 옷에 대해 물었을 때도 난 그 생각을 하고 있었거든. 그래서 그냥 금색이 낫다고 말했더니 아만다가 갑자기 화를 내는 거야. 지난번에 자기가 금색 구두를 신었다고 내가 놀렸는데 이제는 금색 치마가 괜찮냐며 따지는 거야. 그래서 붉은색 치마를 입으라고 했지. 그러고 나서도 구두, 가방, 액세서리를 꺼내와서 나더러 골라보래. 하지만 그때 나는 상사를 생각하느라 아내가 보여주는 것들이 눈에 들어오지 않았어."

　자초지종을 설명하고 나니 피터는 스르르 맥이 빠졌다. 셜리가 피식 웃으며 말했다. "어떻게 된 일인지 알겠네. 아만다는 건성으로 대하는 너를 참다못해 끓는 물이 든 주전자를 던진 거였어." 피터는 힘 없이 고개를 끄덕였다. "너, 그거 알아? 아만다가 원한 건 네가 옷을 골라주는 게 아니었어. 단지 자기 이야기를 들어줄 상대가 필요했던 거야. 너는 그저 아만다에게 무슨 일이 있었는지 잠자코 들어주면 됐었던 거야. 파티에 입을 옷은 아만다가 알아서 고를 거니까 네 의견은 그다지 중요하지 않다고." "하지만 나도 나름대로 고민이 있다고. 내게도 생각할 시간이 필요한데 종일 아내 말만 들어줄 수 없잖아." 피터가 반박했다. "너도 고민이 있으면 아만다에게 털어놓지 그래? 두 사람이 각자 고민거리를 마음에만 담고 말하려 하지 않고 또 상대방의 이야기를 들어주지 않으면 어떻게 같이 살아가겠어?" 셜리는 진심에서 우러나오는 충고를 했다.

　셜리의 말을 들은 피터는 순간 복잡했던 머리가 가벼워지는 것을 느꼈다. 피터는 고마운 마음에 셜리의 손을 덥석 잡으며 말했다. "네가 이렇게 이해심이 깊은 여자인 걸 왜 진작 몰랐을까?"

셜리는 피터의 어깨를 다독이며 말했다. "눈앞의 행복을 소중히 여기라고."

조언을 마친 셜리는 자리에서 일어나 서둘러 집으로 돌아갔다. 셜리의 집에도 그날 일어난 일을 그녀에게 털어놓으려고 기다리는 사람이 있었다.

사랑과 우정으로 내면을 강하게 훈련시켜라

두 사람이 연애를 하거나 혹은 결혼생활을 할 때 관계를 잘 유지하려면 자신의 속마음을 상대방에게 털어놓고 또 상대방의 고민을 들어주는 것이 매우 중요하다. 연인이라면 서로의 느낌을 수시로 상대방에게 알리고 말이나 행동으로 상대방을 위로하고 격려해야 한다. 두 사람 사이에 늘 대화가 이어져야만 서로에게 어떤 일이 일어났고 어떤 기분인지 알 수 있다. 결혼 후 부부가 위기를 맞는 주된 원인 중 하나는 서로의 이야기를 털어놓거나 들어주지 않기 때문이다.

이는 비단 연애에만 국한되지 않는다. 친구 사이도 고민을 털어놓고 또 들어주어야 한다. 때로 사람은 특별한 원인도 없이 우울하거나 초조해지는데 그럴 때에는 답답한 심경을 이야기할 상대가 필요하다. 시내의 조용한 찻집에서 오랜 친구와 마주 앉아 오후 내내 그동안 일어난 일, 마음을 억누르는 고민거리를 서로 얘기하고 들어주는 것, 이것이 바로 감정을 터뜨려서 외부와 소통하는 방법이다. 자리에서 일어나기 전 서로에게 "기분이 좀 나아졌어?"라고 물음으로써 그날의 만남은 마무리가 되고 각자 자신의 삶을 계속해서 살아가는 것이다.

사실 친구란 서로를 잘 알고 있기 때문에 상대방을 찾아 고민을 말하려는 것은 그에게서 도움을 구하려는 것이 아니고 현실을 외면하려는 것도 아니다. 다만 단순히 이야기할 상대가 필요한 것이고 마음을 누르고 있던 응어리를 풀려는 것이다. 친구에 대한 믿음이 있기 때문에 잠깐의 하소연만으로도 서로가 따뜻한 우정의 온기를 느끼게 된다.

사람들은 빠르게 변화하는 사회를 살면서 중압감을 느낀다. 그 결과 많은 사람들이 신경이 예민해지고 심신에 극심한 피로를 느낀다. 그래서 마음을 나누는 친구 사이의 대화가 점점 소중해진다. 많은 사람들이 집안의 문제를 바깥에 알리기를 꺼리고 실패한 일을 부끄러워하며 마음속의 상처와 고통을 들추려 하지 않는다. 외부와 단절하고 몸을 잔뜩 웅크린 채 홀로 자신의 상처를 보듬으며 저절로 치유되기를 기다린다. 하지만 마음속 고민을 친구에게 말한 뒤 자신과 비슷한 일을 겪은 친구의 이야기를 듣고 나면 그때 당신은 이 세상에서 자신이 가장 외로운 존재가 아님을 깨닫는다. 왜냐하면 당신에게는 곁에 있어줄 친구가 있고 당신이 이 세상에서 가장 괴로운 사람이 아니며, 또 당신과 같은 고통을 겪고 있는 사람이 이 세상에 많기 때문이다.

마음속의 쓰레기를 내다버리는 법을 알고, 친구가 고통을 이겨내도록 돕는 법을 배워라. 이 모든 과정을 통해 단지 친구와의 우정만 돈독해지는 것뿐만 아니라, 당신의 내면도 점점 강해질 것이다.

02

우리는 성격이 너무 비슷해서 힘들어!

- 커플의 성격 차이

심리상담사들이 많이 받는 질문이 있다. "저와 성격이 비슷한 사람을 만나야 할까요? 아니면 저의 단점을 채워줄 수 있는 사람을 만나야 할까요?" 상담사마다 이 질문에 대해 다른 견해를 가지고 있다. 어떤 사람은 자신과 비슷한 사람을 만나야만 두 사람이 함께 지내면서 생길 수 있는 불필요한 문제를 피할 수 있다고 본다. 하지만 어떤 상담사는 성격이 다른 두 사람이 만나면 서로가 그동안 보지 못했던 세계를 이해할 수 있도록 도와주기 때문에 자신과 주변을 더욱 잘 이해할 수 있다고 말한다.

성격이 비슷한 사람은 쉽게 서로에게 끌리고 커플로 맺어지기도 쉽다. 그러나 두 사람은 일을 처리하는 방식과 사고방식이 지나치게 비슷해서 함께 있으면 서로를 받아들이기가 어렵다. 다투거나 싸우게 되면 누구도 양보하려 들지 않아 갈등이 심해져서 관계의 기초마저 흔들리는 것이다.

류단과 리린은 오랫동안 사귄 커플이다. 고등학교 동창인 두 사람은 서로가 성인으로 성장하기까지의 과정을 모두 지켜보았다.

류단이 여학생이었을 때 학교 강당에서 강연회가 열렸다. 그녀는 강연회장의 소란스러움이 싫어서 혼자서 몰래 빠져나와 운동장에 심어진 나무 아래에서 책을 읽었다. 그곳에서 그녀는 리린과 마주쳤다. 리린도 강연회의 떠들썩한 분위기가 싫어서 운동장으로 나왔던 것이다.

그 일을 계기로 커플이 되었다. 여러 해가 지난 뒤 두 사람은 서로 다른 도시에서 지내고 있다. 거리가 멀다 보니 자주 만날 수 없어서 매일 통화하며 서로의 사랑을 확인했다. 어쩌다 다투기라도 하면 두 사람 다 고집이 세서 한참동안 냉전이 이어졌다.

류단은 단 한 번도 자신이 잘못했다고 생각한 적이 없다. 비록 자신이 먼저 선을 넘었다고 해도 결코 사과하지 않았다. 리린은 원칙주의자여서 맞으면 맞고 틀리면 틀린 뿐이지 절대로 타협하지 않았다. 두 사람 사이에 냉전이 일어나면 류단은 리린의 친구들을 통해 그의 소식을 들었고 시간이 지나 화가 풀리고 나서야 다시 예전의 관계로 돌아갔다.

하지만 이런 '우회전술'에 두 사람 모두 지쳐버렸다. 이들의 연애가 얼마나 오래 지속될지 누구도 장담할 수 없다.

커플이 헤어진 이유로 자주 거론하는 것이 성격 차이다. 하지만 그 속뜻은 "우리는 성격이 너무 비슷해서 힘들어!"다. 사랑하기는 쉽지만 살아가기는 어렵다는 말처럼 두 사람의 관계를 오랫동안 행복하게 이어가려면 각자의 성격을 상호보완하는 것이 매우 중요하다.

사랑하기는 쉽지만 살아가기는 어렵다

위의 예와 반대로 한 사람은 말이 적고 다른 한 사람은 수다스럽고, 한 사람은 원칙을 고수하고 다른 한 사람은 상황에 따라 대처하는 커플의 경우는 어떨까? 두 사람은 상대방을 통해 각자 경험하지 못했던 세계를 경험하고 상대방의 성격으로부터 자신의 단점을 발견하면서 삶을 더 풍성하게 누릴 수 있다.

그러나 성격이 다른 커플 사이에도 갈등은 쉽게 일어난다. 성격이 다르면 문제를 보는 관점도 다르기 때문에 의견 대립이 생길 때 성격 차이가 두드러진다. 이때는 시간을 두고 대립과 갈등을 풀어가야 한다. 이는 서로를 이해하는 과정이기도 하다.

량징은 친구의 소개로 지금의 남편을 만난 지 6개월 만에 결혼식을 올렸다. 신혼의 단꿈에서 깨어난 두 사람을 기다리고 있는 것은 의견 대립과 다툼이었다. 그녀의 남편 청진은 사람이 좋고 선량하며 사람들과 잘 어울리는 활달한 성격을 가졌다. 이에 반해 량징은 조용하고 차분한 성격이다. 평소 두 사람은 각자의 일에 열중했다. 주말이 되면 량징은 영화관에 가서 영화를 보고 집으로 돌아와서 책을 읽거나 글을 썼다. 청진은 처음에는 그녀에게 맞추느라 집에서 주말을 보냈지만 시간이 지나자 답답해져 나가서 운동을 하거나 친구들 모임에 나갔고 때로는 친구들을 집으로 데리고 와서 함께 게임을 했다.

량징은 남편의 취미에 조금도 관심이 없었던 데다, 자신이 힘들게 정리한 거실을 남자들이 우르르 몰려와서 PC방으로 만들어 놓자 화가 나기 시작했다. 두 사람은 이 일로 자주 다투기 시작했다. 량징은 자신의 결혼생활에 위기가 찾아온 것은 아닌지 불안해졌다.

청진은 아내에게 고민이 있음을 한눈에 알아보았다. 그래서 두 사람은 마주 앉아 긴 이야기를 나눈 끝에 서로의 취미를 존중하고 자신이 원하는 것을 상대방에게 강요하지 않기로 했다. 이를 실천하기 위해 청진은 원래 식사 후 거실에서 TV를 보는 습관을 바꿔서 밖으로 산책하러 나가자고 제안했다.

산책을 하면서 두 사람은 각자 관심 있는 분야를 상대방에게 이야기했다. 대화를 나누면서 두 사람은 각자가 상대방에 대해 몰랐던 부분을 알게 되었다. 청진이 NBA의 재미있는 일화를 들려주자 량진은 그전에는 몰랐던 스포츠의 매력을 알게 되었고 나중에는 남편을 따라 운동을 시작했다. 주말이 되면 청진은 하루는 친구들과 함께 보내고 다음날은 집에서 량징과 시간을 보냈다. 량징이 글을 쓰면 그는 서재로 가서 혼자서 게임을 즐겼다. 량징은 글을 쓰다가 막히면 청진이 있는 서재로 가서 그와 이야기를 나눴다.

시간이 지나면서 두 사람의 결혼에 위기를 초래했던 성격 차이는 오히려 두 사람의 삶을 더 풍부하게 만들어주었다. 량징은 처음 흔들렸던 자신을 붙잡아준 청진에게 고마움을 느꼈고 또 포기하지 않고 변화를 선택한 자신이 대견했다.

03

완벽한 사랑은 영원할 수 없다
- 사랑의 삼각이론

예일대학의 심리학 교수 로버트 스턴버그Robert J. Sternberg는 삼위일체 지능이론을 발표한 뒤 사랑의 삼각이론을 제시했다. 그는 심리학자로서 사랑에 대한 연구를 매우 이른 시기에 시작해 비교적 잘 정리된 이론을 제시해서 이후 세대의 연구에도 큰 영향을 주었다.

스턴버그는 사랑이 친밀감, 열정, 헌신의 세 가지 요소로 이루어졌다고 보았다. 친밀감에는 관심, 이해, 커뮤니케이션, 지지와 공유 등이 포함된다. 열정은 주로 성적인 갈망을 가리키며 헌신에는 상대방을 사랑하기로 결정하고 그 사랑을 유지하려는 노력이 포함된다. 그는 이 세 가지 기본요소가 결합되어 다음 8가지 유형의 사랑으로 나타난다고 주장했다.

첫째, 사랑의 부재. 만약 친밀감, 열정, 헌신이 모두 없다면 두 사람은 단지 아는 사람이며 친구조차 되지 못한다. 따라서 이런 관계는 어느 때든 무너질 수 있다.

둘째, 좋아함. 열정과 헌신이 낮지만, 친밀감이 높을 때 좋아하는 감정이 일어날 수 있다. 좋아하는 감정은 친구 사이의 우정에서 발생한다. 하지만 친구 사이는 성적인 매력을 느끼지 못하고 남은 생을 함께 하고 싶은 마음도 들지 않는다. 친구 사이에 열정 혹은 헌신의 요소가 지나치게 높다면, 이런 관계는 더 이상 좋아함에 머물지 못한다.

셋째, 도취. 친밀감과 헌신 없이 열정만 강할 때 일어나는 감정이다. 잘 알지 못하는 사람에 대해 일어나는 욕망이 도취다. '첫눈에 반하는' 경우가 전형적인 도취인데 순간적인 강렬한 느낌이 사랑으로 발전할 수 있을지 여부는 이후의 친밀감과 헌신의 요소에 의해 결정된다.

넷째, 공허한 사랑. 친밀감과 열정은 없고 오로지 헌신만 있는 사랑이다. 고대사회에서 부모가 정해준 배필과 맺은 혼인관계가 바로 여기에 속한다. 그런데 많은 부부들이 이렇게 중매로 결혼했어도 친밀감과 열정이 넘치는 관계로 발전해서 평생을 살았다. 하지만 현대사회에서는 불가능한 일이다.

다섯째, 낭만적 사랑. 친밀감과 열정이 매우 높을 때 낭만적 사랑을 경험한다. 사람들은 이 낭만적 사랑에 끝이 있음을 알면서도 서로에 대해 헌신을 약속한다. 여행에서 우연히 만난 인연은 매우 낭만적일 수 있다. 두 사람은 함께 미래를 계획하기도 하는데 여행이 끝나면 지금 느끼는 낭만도 함께 끝나리라는 것을 처음부터 알고 있다.

여섯째, 동반자적 사랑. 친밀감과 헌신이 결합해서 동반자적 사랑이 된다. 두 사람은 서로에게 관심을 보이고 소통하며 경험과 느낌을 공유하고 지금의 관계를 안정적이고 장기적으로 유지하려고 노력한다. 이런 유형의 사랑은 행복하고 안정적으로 결혼생활을 이어온 커플에게서 집중적으로 나타난다. 한때의 열정이 사라졌다고 해도 동반자적 사랑에는 영향을 주지 않는다.

일곱째, 허황된 사랑. 친밀감이 빠진 열정과 헌신이 만들어낸 어리석은 행동을 허황된 사랑이라고 부른다. 마치 회오리바람에 휩쓸리듯 두 사람 모두 순간적인 열정에 사로잡혀 헌신을 약속하고 심지어 벼락치기로 결혼한다. 하지만 이런 결정은 위험이 높아서 언제 실패의 늪에 빠질지 모른다.

여덟째, 완벽한 사랑. 친밀감, 열정, 헌신이 모두 갖추어졌을 때 사람들은 완벽한 사랑을 경험한다. 많은 사람들이 이런 사랑을 꿈꾸고 소설가, 극작가의 작품에도 이런 사랑이 등장한다. 하지만 완벽한 사랑은 오랫동안 이어지기 힘들다는 것을 스턴버그 자신도 인정했다.

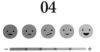

모든 사람은 양성일 수 있다?

– 아니마와 아니무스

천자밍은 모델 에이전시에서 일하고 있다. 전직 모델이었던 그는 183센티미터의 훤칠한 키, 건장한 체격에 얼굴마저 훈훈하다. 그런데 그의 일상은 언제나 여자들로 둘러싸여 있다.

그는 매일 잠자리에 들기 전에 요구르트를 마신다. 일요일이면 피부관리숍에서 관리를 받는다. 보름에 한 번씩 백화점에 가서 화장품, 옷 등을 쇼핑한다. 3개월마다 머리 염색을 하면서 새로운 헤어스타일을 시도한다. 평소 그는 의상, 헤어, 액세서리까지 모두 점검한 뒤에야 대문을 나선다. 지방으로 출장을 갈 때 그가 챙기는 짐의 절반은 피부관리용품, 썬크림, 마스크팩이다.

천자밍의 생활을 면면이 살펴보면 당신은 그가 여자처럼 유약하거나 게이라고 생각할 것이다. 그러나 실제로 그는 카리스마 넘치는 사내대장부다. 이 사실을 믿지 못하는 당신은 이렇게 물을 수도 있다. "그럼 하고 다니는 건 왜 그렇게 여자 같은 거야?" 그러면 그는 바로 흥분하며 이렇게 따질 것이다. "그게 어때서? 여자들만 인생을 즐기고, 남자들은 자기한테 투자하면 안 된다는 법이라도 있어?"

남자가 갈수록 여자를 닮아가고 여자가 갈수록 남자를 닮아가는 것은 이미 하나의 트렌드가 되었다. 중성화가 젊은이들 사이에서 새로운 트렌드가 된 사회적, 심리적 배경은 무엇일까? 정말로 남성과 여성의 성격이나 행동거지가 태생적으로 정해진 걸까?

스위스 심리학자 카를 융은 인간은 태어날 때 가장 원초적인 유형인 '아니마Anima'와 '아니무스Animus'를 지니고 있다고 말했다. '아니마'란 남성의 무의식 속에 있는 여성적 요소이고, '아니무스'란 여성의 무의식 속에 있는 남성적 요소다. 모든 남성 혹은 여성은 잠재적인 여성적, 남성적 본질을 가지고 있는데 이것은 무의식적인 보상요소가 된다. 이에 따라 모든 사람에게는 이성의 기질이 존재하는데 인간의 정서와 심리상태에도 양성의 경향이 나타난다.

아름다움에 대한 인지

실제로 남자는 강하고 여자는 약하다는 고정관념은 특정 사회에서 만들어낸 것이다. 17세기 이전에 전 세계적으로 여성은 시민권이 없었다. 중국 고대사회에서 여성은 '삼종사덕三從四德'이라는 예교를 지켜야 했다. 영국의 기독교회는 '여자는 마땅히 남자를 두려워하고 남자에게 속하여 복종해야 한다'라고 가르쳤다. 그러다 세계적으로 '여권운동'이 폭발적으로 확산되면서 사회 속에서 여성이라는 성이 인정을 받았다. 오늘날 누구나 인정하는 여성의 독립적 인격과 지적 능력은 100년 전에는 상상하기 어려운 개념이었다. 한때 남자답다고 여겼던 특징 중 일부는 오늘날 '야만적', '폭력적'이라고 여겨지기도 한다.

인류는 현대사회로 들어서면서 체력에 의존해서 살던 시대와 이별하고 지력을 통해 삶을 창조했다. 그러면서 남녀 사이의 물리적 차이가 점점 줄어들었다. 여성은 섬세한 작업과 사업에서 더 큰 야심을 드러냈다. 사회가 더 이상 단순한 방향이 아닌 복잡한 방향으로 발전하자 이때 성별의 중성화가 나타났다. 여성은 거칠고 강한 방식을 통해 성공을 얻고 남성 역시 부드럽고 은근한 방식으로 감정을 표현하게 되었다. 모든 사람들이 기존의 성별에 대한 고정관념에서 벗어나 양성의 특징을 모두 갖추게 되었다.

심리학 이론에 따르면 모든 사람은 양성일 수 있다. 수많은 연구에서 양성의 특징을 갖는 사람은 변태가 아니라 오히려 남성과 여성의 우량한 특징을 지니는데 이들은 더욱 강한 결단력과 사회적응력을 보이기도 한다.

고독의 심리학

현대사회에서 사람들은 집단, 조직과 긴밀한 관계를 맺지만 오히려 '고독자'는 더 많아졌다. 그렇다면 고독의 원인은 무엇일까?

일반적으로 외롭고 낯선 환경, 갑작스런 환경 변화가 우리에게 고독을 준다. 원래 맺었던 사회적 관계와 익숙한 환경에서 벗어나 낯선 곳에 오면 고독을 느끼는 것은 지극히 정상이다. 자아의식이 강한 사람은 고독을 쉽게 느낀다. 다른 사람 눈에 비친 자신의 지위와 이미지에 신경 쓰고 그들의 평가를 중시하기 때문이다. 그들은 자기 마음속에 많은 비밀이 있지만 다른 사람에게 알리고 싶어 하지 않으면서도 다른 사람들이 자신을 이해해주기를 갈망한다. 이렇게 모순된 갈망이 고독감을 일으킨다. 스스로를 낮게 평가하는 사람은 고독을 쉽게 느낀다. 사람들과의 관계에서 열등감을 느끼고 자신을 잘 드러내려 하지 않기 때문에 그 결과 사람들과의 관계가 원만하지 못해 고독을 느낀다.

심리학자 스탠리 샥터Stanley Schachter는 감각차단Sensory Deprivation

을 실험했다. 다섯 명의 자원자는 모든 실험조건이 동일한 다섯 개의 방에 각각 격리되었다. 이들은 외부세계와 격리되어 하루를 버티면 보수를 받기로 했다. 실험결과 외부와 격리되어 가장 짧게 견딘 사람은 20분, 가장 오래 견딘 사람은 8일이었다. 8일 동안 격리된 실험자는 실험기간 동안 외로움을 느꼈고 긴장했으며 히스테리 증상까지 보였다.

실험을 통해 인간이 다른 사람의 관심과 배려를 필요로 하는 것은 타고난 본능임을 알 수 있었다. 인간은 집단을 이루어 모여 사는 것을 좋아하는데 가정을 이루고 사회적 관계를 맺는 것이 이를 증명한다. 집단을 떠나면 인간은 격리되고 버려졌다고 느낀다. 격리 기간이 오래되면 인간의 마음에 변화가 생기고 행동과 정신에 문제가 나타난다.

루소는 "외롭고 생각에 잠겨 있을 때에라야 나는 비로소 진정한 나다"라고 말했고 마크 트웨인은 "이웃으로부터 외면 당하고 다른 사람들의 멸시를 받으며 고독에 처하는 것이 어쩌면 가장 견디기 힘든 일일 것이다"라고 말했다. 개성을 추구하되 그 대가로 타인과 떨어져 지내는 사람들 사이에 창궐하는 고독은 일종의 '사회적 페스트'다. 고독을 표방하는 사람은 수없이 많지만 그중에서 고독을 즐기고 고독 속에 만족하며 살아가는 사람은 극히 드물다. 고독한 삶을 받아들이고 적응하고 산다면 문제가 없다. 다만 '고독을 원한다고 떠벌리지만 실제로 고독을 견디지 못하는 사람'이라면 맞지 않는 옷을 입고 불편하게 사느니 차라리 주변의 인간관계를 개선해서 고독으로부터 벗어나 따뜻한 햇빛 아래 밝고 행복한 삶을 누리는 것이 낫다.

8

사회생활이 지겨울 때
바로 써먹는 심리학

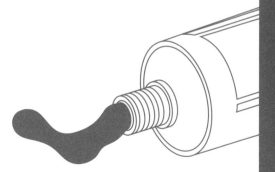

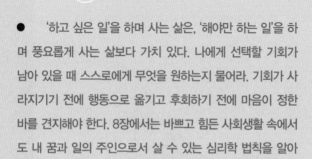

● '하고 싶은 일'을 하며 사는 삶은, '해야만 하는 일'을 하며 풍요롭게 사는 삶보다 가치 있다. 나에게 선택할 기회가 남아 있을 때 스스로에게 무엇을 원하는지 물어라. 기회가 사라지기기 전에 행동으로 옮기고 후회하기 전에 마음이 정한 바를 견지해야 한다. 8장에서는 바쁘고 힘든 사회생활 속에서도 내 꿈과 일의 주인으로서 살 수 있는 심리학 법칙을 알아본다.

01

내가 나에게 점수를 준다면

– 나의 장점과 단점 파악하기

당신은 현재의 모습이 마음에 드는가? 현재의 생활에 만족하는가? 당신의 인생에 점수를 준다면 몇 점인가? 최선을 다했다고 자신 있게 말할 수 있는가? 아니면 인생을 낭비한 것을 부끄럽게 여기는가? 쉴 없이 흘러가는 인생에서 당신은 목표를 이루기 위해 꾸준히 노력하는가? 아니면 상황에 따라 전략을 바꾸고 임시변통에 능한가? 결론적으로 당신은 자신에 대해 얼마나 알고 있는가?

다른 사람을 알기는 쉬워도 나 자신을 알기는 어렵다. 다른 사람을 이해하는 것보다 자신의 실력이 어느 정도이며 무엇을 할 수 있고 무엇을 못 하는지 알기가 더 어렵다. 그래서 아무 근거도 없이 자신이 꽤 잘났다고 여기는 사람이 있는가 하면, 열등감에 빠져서 자신의 잠재력을 못 알아보는 사람도 있다.

추기는 전국시대 제나라의 재상이었다. 그는 키가 크고 얼굴이 매우 잘생겼다. 스스로도 외모가 매우 마음에 들었다. 어느 날 그는 의관을 차려 입은 뒤 거울 앞에서 자신을 비춰보며 아내에게 물었다. "나와 서공(徐公, 당시 제나라의 또 다른 미남) 중에서 누가 더 잘생겼소?" 아내가 말했다. "당연히 당신이 더 잘생겼지요. 어떻게 서공과 비교가 되나요?" 추기는 첩에게도 같은 질문을 했다. "나와 서공 중에서 누가 더 잘생겼소?" 첩이 대답했다. "서공이 어찌 나리와 상대가 되겠습니까?"

며칠 후 서공이 추기의 집을 찾아왔다. 서공의 이목구비를 자세히 살펴본 추기는 자신의 얼굴이 서공만 못 하다고 생각했다. 그는 이 일에 대해 한참을 생각했고 저녁이 되자 깨달은 바가 있었다. 아내가 자신이 잘생겼다고 말한 것은 남편인 자신을 사랑하기 때문이고, 첩이 자신이 잘생겼다고 말한 것은 자신이 언짢아 할 것을 겁냈기 때문이고, 찾아온 손님들이 자신이 잘생겼다고 말한 것은 원하는 바가 있어서였다.

추기는 주변 사람들이 자신을 가리켜 잘생겼다고 추켜세우는 것은 각자 나름의 이유가 있어서임을 깨달았다. 그는 이 깨달음을 치국의 도로 연결해서 생각해보았다. '나와 같은 관리도 사람들의 칭찬과 아첨에 스스로를 바로 보지 못하니 왕 주변에서 아첨하는 무리는 얼마나 더 많겠는가!" 그는 자신의 깨달음을 정리해서 제나라 위왕에게 상소문을 올렸고 위왕은 그의 건의를 받아들여서 공명한 정치를 펼쳤다.

타인을 아는 사람은 지혜롭지만
자신을 아는 사람은 현명하다

자신을 안다는 것은 자신을 이해하는 것으로 자신의 장점과 강점 외에도 결점과 흠을 아는 것이다. 그러나 자신을 아는 것은 쉽지 않아서 자신을 아는 경지에 이르는 사람은 매우 지혜로운 사람이다. 사람이 자신을 알지 못하는 것은 눈으로 제 눈썹을 보지 못하는 것과 같다. 즉 인간의 눈은 세상 만물을 볼 수 있지만 바로 위에 있는 눈썹은 결코 보지 못한다. 따라서 시시각각 자신을 일깨우고 돌아보아야 한다.

춘추시대에 초나라 장왕은 월나라를 공격하고자 했다. 이때 두자라는 사람이 왕을 만류했다. "왕께서 월나라를 공격하려 하심은 무엇 때문입니까?" 장왕이 말했다. "월나라가 지금 정치가 혼란하고 병력도 약하니 전쟁을 하면 우리가 이길 승산이 크기 때문이다." 두자가 말했다. "그러나 우리 초나라는 진나라에 패한 뒤로 넓은 국토를 잃어서 병력이 약합니다. 게다가 나라 안에 모반을 꾀하는 자가 있는데도 관원들이 이를 막지 못하니 이는 정치가 혼란하기 때문입니다. 지금 우리 초나라의 상황이 월나라와 다를 바 없는데 왕께서 출병하시는 것은 자신의 약점을 보지 못하는 것이 아니고 무엇이겠습니까?" 초왕은 두자의 간언을 받아들여 월나라를 공격하려는 계획을 포기했다.

중국의 철학가 노자는 말했다. "다른 사람을 아는 사람은 지혜롭지만 자신을 아는 사람은 현명하다." 자신을 진정으로 이해하려면 관점을 바꾸어서 스스로를 바라보라. 자아의 틀에서 벗어나서 방관자의 눈으로 자신을 주시해야 한다. 거울을 비춰보듯 정면을 보고 뒷면도 보아야 한다. 거드름을 피우고 함부로 잘난 체해서는 안 되고 자신을 하찮게 여기고 멸시해서도 안 된다.

인생의 여정 내내 자신에게 점수를 매기고 시시각각 자신의 부족함을 바로잡고 보완해야지만 제자리에 머물지 않고 위로 오를 수 있다.

02

해야 할 일 목록보다 중요한 것
– 혼자만의 길을 걸어갈 용기

러칭은 화랑에서 운영하는 잡지사에서 일하고 있다. 비록 미술을 전공하지 않았지만 어릴 적부터 미술을 좋아했고 또 열심히 일했기 때문에 입사한 지 1년 반이 지나자 주어진 업무를 막힘없이 척척 해결했다. 일에 경력이 더해가고 인맥도 넓어지자 그녀 역시 복잡한 관계 속에서 조금씩 성장해갔다. 하지만 러칭은 자신이 비전공자라는 데에서 오는 열등감을 떨치지 못했다. 더 많은 예술 행사에 참가해서 견문을 넓히고 전문적인 교육기관에서 미술을 공부할 기회가 필요했다.

우연한 기회에 러칭은 성율에서 설립한 미술관 관장을 알게 되었다. 관장은 젊고 똑똑한 러칭에게서 좋은 인상을 받아 미술관으로 와서 함께 일할 것을 제안했다. 관장과 러칭은 예술에 대해 많은 대화를 나누었고 미술관에서 최근 기획 중인 전시회에 대한 이야기도 나누었다. 모든 것이 완벽했다. 러칭은 미술관 관장이 찾고 있던 큐레이터 자리에 적임자였고 관장이 제안한 자리는 러칭이 그동안 꿈꿔오던 기회였다. 그런데 관장이 최고로 줄 수 있는 연봉을 듣는 순간 러칭의 기대는 실망으로 바뀌었다. 정부에서 관할하는 미술관이어서 러칭이 현재 받는 연봉보다 현저하게 낮았기 때문이다.

러칭은 자신의 생각을 허심탄회하게 말했다. "저는 높은 연봉을 받을 수 있는 일을 구해야 해요. 집도 장만해야 하고 외국에 가서 공부할 돈도 마련해야 하고 좀 더 나은 환경에서 미술을 공부해야 하거든요…." 그녀는 누구도 반박할 수 없는 이유를 나열했고 관장은 자리를 떴다.

많은 사람들이 자신이 원하는 것에 대해 온갖 자유로운 상상을 펼친다. "나는 커피전문점을 열고 싶어요", "나는 잡지를 발행하고 싶어요", "나는 화가가 되고 싶어요", "내년에는 티베트를 여행하고 싶어요", "노숙자들을 돕고 싶어요" 등등. 그러나 그런 생각들을 말할 때 말하는 사람 자신도 그것이 실현되리라 믿지 않는다. 설령 믿는다고 해도 행동이 결여된 채 상상만으로 머물 뿐이다.

그런데 사람들은 자신이 해야 할 일에 대해서는 구체적인 목표를 가지고 있다. "나는 공부를 열심히 해야 해.", "대학에 꼭 합격해야 해.", "이번에는 토익 800점을 따야 해.", "올해엔 공무원 시험에 합격해야 해.", "결혼 전에는 집을 장만해야 하지 않을까?"

거의 모든 사람이 진지한 인생의 목표를 가지고 있고, 모든 목표가 매우 구체적이다. 하지만 당신은 자신이 '해야' 한다고 정한 목표가 정말 자신이 '원하는' 것인지 자문해본 적 있는가? '해야' 하는 일 중에서 부모의 기대, 다른 사람의 요구, 남들이 하니까 따라하는 것은 얼마나 되며 또 당신이 진정으로 이루려는 꿈은 얼마나 되는가?

현대인들이 갈수록 취향과 목표가 비슷해지는 것은 혼자만의 길을 걸어갈 용기가 부족하기 때문이다. 그들은 다른 사람의 지도를 보고 자신이 가야 할 방향을 찾고 다른 사람의 신발을 신고 자신의 길을 걷는 데 익숙해져서 자신이 원하는 것이 무엇인지 알지 못한다. 부모와 친구들의 기대를 저버리지 못하기 때문에 다른 사람의 눈에 자신이 어떻게 비춰지는지에만 신경을 쓴다. 그 결과 '해야' 할 일의 리스트는 무수히 나열하면서도 자신이 무엇을 '원하는지' 잊고 산다.

원하는 대로 살려면

샤오샤오는 증권회사에서 일한 지 7년이 지났을 때 갑자기 외국에 나가서 공부하고 싶다는 생각이 들었다.

샤오샤오는 어려서부터 문학을 좋아했고 한때는 대학에서 문학을 전공한 뒤 신문사나 잡지사에서 일하며 매일 문자와 씨름하는 생활을 하고 싶다고 생각한 적도 있었다. 그런데 그녀의 부모님은 상경대학에서 국제무역을 전공하라고 설득했다. 샤오샤오는 대학을 졸업한 뒤 큰아버지의 회사에 들어가 매일 9시에 출근하고 오후 5시면 퇴근하는 직장인이 되었다. 그녀는 고액 연봉을 받고 높은 성취감을 느끼며 자신의 삶에 만족했고 평생을 이렇게 살 것이라고 생각했다.

그런데 우연한 기회에 샤오샤오는 영국 케임브리지대학에서 영국문학을 강의하는 데이비드 교수를 만났다. 그녀는 데이비드 교수에게 자신의 못다 이룬 꿈에 대해 이야기했다. 교수가 샤오샤오에게 물었다. "자네는 자신이 원하는 삶을 왜 선택하지 않는가?" 교수는 샤오샤오가 IELTS나 토플 시험을 통과하면 자신의 제자로 받아줄 것을 고려하겠다고 약속했다.

그런데 샤오샤오는 영어를 그다지 잘하지 못했다. 막 대학을 졸업했을 때는 영어 원서도 읽곤 했지만 회사생활에 익숙해진 뒤로는 영어책을 펼친 적이 없었다. 이런 수준으로는 외국 유학을 신청할 자격이 되지 않았다. 외국어 시험에 통과하기 위해 그녀는 회사를 그만두고 영어학원에 다녔다. 하지만 처음 치른 시험에서 좋은 성적을 거두지 못해서 인내심을 가지고 두 번째 시험을 준비했다.

샤오샤오의 친구들은 그녀를 이해하지 못했다. 친구들이 물었다. "멀쩡한 직장을 그만두고 영문학을 배우겠다니 작가라도 되려고?" 샤오샤오는 대답했다. "난 그저 내가 꿈꾸던 삶을 살고 싶을 뿐이야."

반년 뒤 샤오샤오는 여전히 반대하는 주변 사람들을 뒤로하고 비행기에 올라 셰익스피어와 브론테 자매의 나라인 영국으로 향했다.

당신은 아직 젊은데 왜 모든 꿈과 이상을 다른 사람의 기대 안에 감추려 하는가? 어째서 자신의 일생을 들여 다른 사람의 기대를 실현하려 하는가? 왜 완벽한 기회가 주어졌는데 하고 싶었던 일을 하지 않는가? 샤오샤오처럼 자신이 마땅히 해야 하는 일을 하며 살 것인지, 아니면 자신이 원하는 일을 하며 살 것인지 자문하지 않는가?

자신이 하고 싶은 일을 하는 삶은 해야만 하는 일을 하면서 풍요롭고 여유롭게 사는 삶보다 훨씬 가치 있다. 인생에는 정해진 노선과 일정이 필요치 않다. 다만 마음이 원하는 대로 살면 그만이다. 당신에게 아직 선택할 기회가 있을 때 스스로에게 무엇을 원하는지 물어야 한다. 기회가 사라지기기 전에 행동으로 옮기고 후회하기 전에 마음이 정한 바를 견지해야 한다.

03

삶에 끌려다니지 않고 나 자신으로 살기
– 삶의 주인으로 사는 법

요즘 나는 되는 일이 없다. 직장에서는 문제가 생겼고 여자친구마저 나를 떠났다. 지금까지 살면서 이렇게 힘든 적은 없었다. 그래서 매일 신에게 기도했다. 제발 나를 이 불행에서 건져내어 환히 빛나는 삶을 살게 해달라고. 어느 날 신이 나타나서 내 기도를 들어주겠다고 약속했다. 그런데 한 가지 조건이 있었다. 그것은 달팽이를 데리고 나가 산책을 시키는 일이었다.

나는 최대한 보폭을 조절해서 조금씩 움직이려고 애썼다. 달팽이도 나름 열심히 움직였지만 한 번 움직일 때의 이동거리가 너무 작아서 내 발걸음의 백분의 일도 되지 않았다. 나는 너무 화가 난 나머지 녀석을 재촉하고 다그치고 탓하며 꾸짖었다. 달팽이는 몹시 미안해하며 나를 보았는데 마치 '난 최선을 다하고 있어'라고 말하는 것 같았다.

나는 끓어오르는 속을 억누르며 녀석을 묶은 줄을 잡아당기고 발로 밀고 찼다. 달팽이는 온몸에 상처가 났고 땀을 뻘뻘 흘리고 가쁘게 숨을 쉬느라 처음보다 더 느리게 기었다.

"신은 왜 나더러 달팽이를 데리고 산책을 시키라고 하신 거야? 내가 정말 잘못을 저질렀다고 해도 어떻게 이런 벌을 내리실 수 있지?" 나는 불평하면서 고개를 돌려 아직도 느릿느릿 기어오는 달팽이를 보았다. "신이시여, 어디로 가셨습니까? 왜 제게 이런 벌을 주시는 겁니까?" 목청껏 소리쳐 보았지만 하늘은 아무런 반응도 없었다.

내 뒤에서 느리게 기어오는 달팽이를 기다리느라 나는 제자리에 선 채 씩씩거리며 화를 참고 있었다. 그런데 갑자기 향긋한 꽃향기와 얼굴을 어루만지는 부드러운 미풍이 느껴졌다. 멀지 않은 곳에 여러 종류의 들꽃이 피어 있는 초원이 있었다. 따뜻한 봄날의 부드러운 바람이 만물을 어루만졌고 내 지친 영혼마저 위로해주었다.

"나는 왜 조금 전까지만 해도 이렇게 아름다운 풍경을 보지 못했을까? 왜 신선한 향기도 맡지 못했지? 어쩌면 내가 잘못 생각했나? 어쩌면 신이 달팽이에게 나를 데리고 나가 산책시키라고 한 것은 아닐까?"

모든 사람은 삶의 여정에서 앞으로 나아간다. 다른 것이 있다면 마치 물속을 헤엄치는 물고기처럼 자신의 삶을 자유롭게 살아가는 사람이 있는가 하면, 삶에 이리저리 끌려 다니느라 자기 자신을 잃는 사람이 있다는 것이다. 어떤 삶이 되었든 어떻게 스스로가 삶의 주인에서 삶의 노예로 전락할 수 있겠는가?

누구든 살아가는 동안 힘든 고비를 피할 수 없다. 하지만 낙천적인 사람은 인생을 자신의 손에 쥐고 있기 때문에 고비를 만나더라도 더욱 힘을 내어 살아간다. 당신은 짧은 인생을 괴로워하며 10년, 슬퍼하며 10년, 실의에 빠진 채 또 다른 10년을 보내며 무의미하게 시간을 흘려보낼 것인가?

가장 큰 잠재력은 긍정 마인드에서 나온다

사원에 젊은 수도승이 새로 들어왔다. 그는 좀처럼 마음을 잡지 못하고 매일 반복되는 지루하고 단조로운 수행생활에 괴로워했다. 동료들이 그에게 여러 차례 충고했지만 아무런 소용이 없었다. 이 사실을 알게 된 스승이 직접 나서서 그를 깨우치기로 했다.

어느 가을 아침, 스승이 젊은 수도승에게 부엌에서 소금을 가져오라고 했다. 수도승은 영문을 몰랐지만 스승의 말대로 소금을 가져왔다. 사부는 그에게 소금 한 주먹을 물잔에 넣은 뒤 그것을 마시라고 내밀었다. 수도승은 얼굴을 찌푸리며 소금물을 마셨다. 스승이 물었다. "맛이 어떠하냐?" 수도승이 대답했다. "짭니다."

스승은 빙그레 웃으며 수도승에게 다시 소금을 가지고 산 아래 호숫가로 내려와서 자신을 찾으라고 했다. 수도승이 소금을 들고 호숫가로 가니 스승은 호수에 소금을 뿌리라고 했다. 스승이 수도승에게 말했다. "이제 호수의 물을 맛보거라." 수도승은 스승이 시키는 대로 호수의 물을 떠서 마셨다. 스승이 물었다. "맛이 어떠하냐?" 수도승이 대답했다. "아주 달고 시원합니다." 스승이 물었다. "짠맛이 느껴지느냐?" 수도승이 대답했다. "아니요."

스승은 수도승을 자신의 곁에 앉게 한 뒤 차분하게 말했다. "인생의 고통은 바로 이 소금과 같이 고작 한 줌에 지나지 않는다. 더 많지도 더 적지도 않다. 그러나 그 고통을 느끼는 정도는 우리가 고통을 어디에 담느냐에 따라 달라진다. 네가 이 고통을 작은 물잔이 아닌 호수에 담는다면 너의 고통은 희석되어 아무것도 느껴지지 않을 것이다." 수도승은 스승의 가르침에 무언가 깨달은 듯 고개를 끄떡였다. 그날 이후로 그는 경건하게 수행에 임했다.

행복한 사람이 행복하게 사는 것은 그의 삶이 순조롭기 때문이 아니다. 그가 긍정적인 태도로 자신의 실패와 좌절을 대하기 때문이다. 괴로운 사람이 괴로운 것은 그가 세상에서 가장 불행하거나 그의 삶이 온통 가시밭길로 가득하기 때문이 아니다. 그가 소극적이고 비관적인 태도로 어려움을 대하며 온갖 이유를 들어 자신의 실패를 설명하기 때문이다.

가장 큰 가능성과 잠재력을 지닌 사람은 남들보다 뛰어난 능력을 가진 사람이 아니라 성공할 때도 의연함을 잃지 않고 실패해도 뜻을 꺾지 않는 사람이다. 그들은 곤경 속에서 희망을 보며 좌절에서도 기쁨을 찾는다. 그런 사람은 희망을 파종하고 자기 삶의 주인이 된다.

04

80층 아파트를 후회 없이 오르려면

– 정확한 방향의 중요성

중국에서는 매해 600만 명의 대학 졸업생, 40만 명의 대학원 졸업생이 배출된다. 하지만 아무리 최고 학부를 졸업했다고 하더라고 남 보기에 그럴듯한 직장을 서둘러서 고르고 나면 몇 년의 시간이 지난 뒤 직장, 인생을 새롭게 정립해야 하는 난제에 부딪힌다. 그것은 바로 그들이 처음부터 직업과 인생에 대해 구체적이고 체계적인 계획을 세우지 않았기 때문이다.

대부분의 사람들이 직장을 구할 때 어떤 분야에서 자신의 사회생활을 시작할지 모르기 때문에 우선은 대우가 나쁘지 않고 규모가 작지 않은 회사를 골라 직장생활을 시작한다. 몇 년이 지나면 회사 내에서 위치가 올라가거나 내려가기도 하고 심지어 여러 회사를 전전하는 경우도 있다. 그러다 나중에서야 그동안 쌓아온 경력이 자신의 적성과 아무 관계가 없으며 원래 가졌던 인생 목표와도 맞지 않다는 것을 깨닫는다.

평범한 사람들만 이런 문제를 안고 있는 것은 아니다. 남보다 똑똑하고 인간관계도 원만한 사람들도 같은 문제로 고민한다. 인생의 방향을 정할 때 세밀하게 계획하고 심사숙고하지 않은 채 자신의 재능만 믿고 과도한 자신감으로 사회에 겁 없이 발을 내딛는 것이다. 그렇게 졸업해서 황금 같은 5년을 보내면 이런저런 업종에서 이런저런 업무를 맡으며 개별적이고 단편적인 경력을 쌓을 뿐이다. 매번 단기간으로 여러 가지 분야에서 일했기 때문에 이러한 경력은 유리하게 작용하지 않고 오히려 핵심적인 경쟁력이 부족한 사람으로 부각된다.

직장생활에서 성공하려면 정확한 방향을 잡아야 한다. 인생의 여정도 그와 같아서 명확한 목표를 세워야 한다. 정확한 방향을 설정하지 못하면 늘 한 치 앞밖에 보지 못하고 주관 없이 시류를 따를 뿐이다. 마치 일정표 없이 여행하는 것처럼 여기저기 돌아다니지만 정작 꼭 보아야 할 풍경을 놓치고 평생의 아쉬움을 남기는 것과 같다.

명확한 목표를 먼저 세워라

장신, 장차오 형제는 80층짜리 고층 아파트의 꼭대기 층에 살고 있다.

어느 날 두 사람이 여행을 갔다 돌아오니 시간은 이미 새벽 2시가 넘어 있었다. 그들이 여행을 간 며칠 동안 아파트의 엘리베이터가 전기회로 고장으로 운행을 중단했다. 관리실에서 사전에 이에 대한 안내문을 붙였지만 형제는 이를 미처 확인하지 못했다.

두 형제는 무거운 여행가방을 등에 진 채 로비에서 어떻게 할지 의논했다. 결국 두 사람은 계단을 걸어서 올라가기로 결정했다.

20층까지 올라갔을 때 동생인 장신이 말했다. "가방이 너무 무거우니까 우리 복도에 가방을 내려놓았다가 엘리베이터가 운행하면 그때 찾으러 오자." 힘이 들어서 숨을 헐떡이던 형도 동생의 제안에 동의했다.

가방을 내려놓으니 몸이 훨씬 가벼웠다. 피곤했던 두 다리에도 새롭게 힘이 솟는 것만 같았다. 두 사람은 계속해서 계단을 올랐다. 40층에 다다랐을 때 두 사람 모두 더 이상 올라갈 기력이 없었다. 둘은 서로를 원망하기 시작했다. 장신이 말했다. "그러게, 여행 가면서 형은 왜 안내문을 안 본 거야? 이럴 줄 알았으면 며칠 더 있다가 돌아오면 되는 거였잖아." 형인 장차오가 대꾸했다. "출발할 때 공항에 늦지 않으려고 서두르느라 정신이 없었잖아. 그러는 너는 왜 못 봤니?" 두 사람은 이렇게 말다툼을 하며 20층을 더 올라갔다. 60층에 도착했을 때 두 사람은 더 이상말할 기운도 없었다. 그래서 이제는 서로를 부축하며 마지막 남은 20층을 모두 올라갔다. 형제가 현관 앞에 도착했을 때 둘은서로를 마주보다가 아주 중요한 한 가지 사실을 떠올렸다. 열쇠가 없었던 것이다. 그들의 현관 열쇠는 20층에 둔 여행가방 안에있었다.

이 일화는 우스갯소리 같지만 80층의 고층아파트를 여든 살의 노인으로 본다면 느낌이 다를 것이다. 두 형제는 계단을 오르기 전만 해도 의기가 충천했고 아무런 두려움 없이 위로 전진했다. 한참을 걷고 나니 등에 짊어진 짐이 무거워서 그것을 내려놓고 다시 계단을 올랐다. 하지만 종착지가 모호했기 때문에 그들은 헛된 일에 에너지를 썼고 그보다 더 값진 시간을 낭비했다. 그들 마음속에는 어서 빨리 80층에 도달해야지, 혹은 집에 도착하면 곧바로 침대에 누워 한숨 늘어지게 자야지 하는 열망으로지금까지 걸어온 길고 지루한 여정을 돌아볼 틈이 없었을 것이다. 그들은 마침내 80층에 다다랐을 때 정작 중요한 목표가 무엇인지 잊고 있었음을 깨달았다. 결국 그들을 기다리는 것은 얼마남지 않은 체력과 시간으로 잘못을 바로잡아야 하는 길고 지루한 과정이다. 이러한 일이 삶에서 실제로 일어난다면 그야말로비극이 아니겠는가?

05

무력감에 빠진 이들을 위한 자기반성법
– 성격적 결함을 개선하는 법

누군가 갑자기 당신을 찾아와서 "당신은 행운권 추첨에서 당첨되어 남극을 탐험할 기회를 얻으셨습니다"라고 알려준다면 어떨까? 당신은 기뻐서 환호할지도 모른다.

그런데 지금 또 다른 누군가가 와서 "당신의 회사에서 당신을 남극 탐험단에 파견하기로 했습니다. 당신은 이번 탐험에 필요한 음식, 텐트, 의복, 통신장비 등을 준비해야 합니다"라고 말한다면 어떨까? 들떠서 기뻐할까, 아니면 큰 부담을 느낄까?

만약 이 사람이 다시 당신에게 이렇게 말한다고 해보자. "이번 탐험에는 어떤 준비물도 필요하지 않습니다. 당신이 해야 할 것은 최악의 상황에 대비해서 마음의 준비를 하는 것입니다. 탐험하는 동안 위험한 일을 겪거나 기이한 사람을 만날 수 있으며 기괴한 생물들을 만날 수도 있습니다. 당신은 매일 전혀 새로운 삶의 방식을 체험하게 될 것입니다." 이런 설명을 들었다면 당신은 여전히 남극으로 탐험을 떠나겠는가, 아니면 두려워 탐험을 포기하겠는가?

마지막으로 이 사람이 다시금 이렇게 말한다고 하자. "당신은 어떤 위험한 상황도 만나지 않을 것이고 정체불명의 생물체로부터 생명의 위협을 당하는 일도 없을 것입니다. 또 당신에게 식량과 장비가 주어질 것입니다. 유일한 조건이 있다면 당신이 남극에서 50년을 사는 것입니다. 50년이 지난 뒤 당신이 계속해서 남극에서 살지의 여부는 당신의 건강상태에 따라 결정될 것입니다." 이때 당신은 또 어떤 생각이 들까? 이 제안을 받아들인 뒤 앞으로의 길고 지루하고 외로운 여정을 두고 걱정하고 두려워할 것인가? 아니면 이 제안을 거절한 뒤 남은 생애 동안 자신의 결정을 후회할 것인가?

매번 조건이 바뀔 때마다 당신의 기분에 어떤 변화가 일어났는가? 당신의 최종적인 결정은 무엇인가? 당신은 조건이 어떻게 바뀌든 남극으로 가는 이 일생일대의 기회를 부여잡을 것인가? 아니면 안전하게 여생을 보내기 위해 이 기회를 포기할 것인가? 사실 당신이 어떤 선택을 하든지 그것은 중요하지 않다. 당신이 알아야 할 것은 당신의 모험을 막는 것이 무엇인가다.

괴테는 "성격이 곧 운명이다"라고 말했다. 한 사람의 성격은 그가 걷게 될 인생의 여정뿐 아니라, 삶의 모든 면에 영향을 끼친다. 그런데 완벽한 사람은 없으며 태어나면서부터 무엇이든 잘하는 사람이 없고 정말로 완벽하게 해내는 사람도 없다. 누구나 장점이 있고 또 결점도 있다. 인생의 비극은 결국 성격 때문에 생겨난 비극이라는 말도 있다. 성격 중의 장점은 많은 행운과 기회를 가져다주지만 결점은 일과 삶에 문제를 가져온다.

당신의 모험을 막는 것부터 찾아라

쉬진은 수수한 외모에 이공계 석사 출신으로 학교를 졸업한 뒤 연구소에서 일하고 있다. 경력이 쌓이자 수입도 안정적이고 여가도 즐길 수 있어서 많은 사람들의 부러움을 받고 있다. 그런데 정작 쉬진 본인은 전혀 행복하지 않다. 그는 성격이 유약하고 다른 사람의 눈치를 자주 보았다. 입사한 지 3년이 지났지만 자리를 잡지 못했고 동료들과 함께 지내면서 생긴 사소한 일을 자주 마음에 담아두며 고민했다.

쉬진은 전공 분야에 있어서만큼은 스스로 전문가라고 자신했다. 연구소 동료 중에 장예가 자칭 '일인자'라고 떠벌리지만 그는 자신이 최고라고 생각했다. 그러다 보니 연구소에 입사한 이래로 그와 장예는 줄곧 서로에게 라이벌 의식을 느꼈고 누가 최고인지 가려보길 원했다. 그런데 쉬진은 유약한 성격 때문에 자신의 능력을 제대로 발휘하지 못했다.

어느 날 쉬진은 부서원들과 새로운 프로젝트에 관해 회의하고 있었다. 쉬진은 현재 논의 중인 방법을 사용했을 때의 문제를 지적했다. 그는 자신의 주장을 뒷받침할 근거를 가지고 있었다. 하지만 장예가 자신의 주장을 강하게 밀어붙이자 쉬진은 동료들로부터 반감을 살 것이 두려워 회의 후반에 가서는 완강했던 태도를 누그러뜨렸다. 그는 매번 이런 식으로 자기 의견을 관철하지 못하고 상대방이 강하게 밀어붙이면 맥없이 저자세로 돌아섰다. 회의가 끝나고 그 일을 다시 생각하자 자신이 너무 답답했고 유약하게 물러선 것이 후회됐다. 1년이 지난 뒤 장예는 승진했고 쉬진은 좁은 연구실에 남아서 다람쥐 쳇바퀴 도는 생활을 반복했다.

쉬진은 다른 사람의 눈을 과도하게 의식했다. 그는 연구소에서 제공하는 기숙사에서 동료 한 명과 같은 방을 쓰고 있는데 늘 눈치를 보았다. 동료가 잠을 자고 있으면 방해하지 않으려고 까치발로 다니며 조심해서 행동했다. 동료는 그의 이런 배려를 사람들에게 이렇게 말했다. "쉬진은 유령 같아. 걸을 때 소리도 안 난다니까." 동료의 이 말을 들은 쉬진는 억울했지만 그렇다고 해서 대놓고 따지지도 못했다.

그는 연구소에서 3년 동안 일하면서 마음 맞는 친구 한 명 사귀지 못했다. 그가 짝사랑하는 여자 동료가 있었지만 그녀는 의도적으로 그를 멀리했다. 때로 그는 자신이 정신질환을 앓는 것은 아닌지 의심이 들었다. 하지만 정신질환을 정말 앓고 있더라도 의사를 찾지는 않을 것이다. 그렇게 했다가는 동료들이 색안경을 끼고 자신을 볼 것이 뻔했기 때문이다.

쉬진의 사례는 성격 결함 중에서 무력감과 부적응에 속한다. 이런 부류의 사람은 기운이 없고 기분이 늘 다운되어 있으며 정신적인 압박과 의지박약이라는 이중고에 시달린다. 인간관계와 사회생활에 적응하는 능력이 약해서 심리적으로 불안해지면 쉽게 비정상적인 행동을 보인다.

그러나 성격적 결함은 바꿀 수 없거나 극복할 수 없는 것이 아니다. 일기를 쓰거나 잠들기 전 오늘 일어난 일을 회상하는 자기반성법을 통해 자신이 한 행동과 처한 상황을 돌아보며 성격을 개선할 수 있다. 자신의 성격에서 결함을 발견한 뒤 다른 사람과의 관계 속에서 결함을 고쳐나가는 것이다. 다른 사람과 지내면서 갈등이나 다툼이 생기는 것은 서로 간의 의견이 일치하지 않고 두 사람의 성격이 어긋나기 때문이다. 그러므로 다른 사람의 성격을 자신과 대조하면서 자신이 어떤 성격적 결함을 가졌는지 개선하는 것이 바람직하다.

도덕과 계급의 기원

도덕의 기원

원숭이 다섯 마리를 한 우리에 가두고 우리의 꼭대기에 바나나 한 송이를 걸어두었다. 원숭이가 바나나를 잡으면 실험자는 우리를 향해 물을 발사해 다섯 마리 원숭이 모두 물에 흠뻑 젖게 했다. 결국 원숭이들 사이에 암묵적인 합의가 이루어졌다. 바나나를 잡아서는 안 되며 만약 바나나를 잡으려고 시도하면 모두가 물벼락을 맞는다는 것이다.

후에 실험자는 우리 속에 있던 원숭이 한 마리를 내보내고 새로운 원숭이 A를 들여보냈다. 원숭이 A는 바나나를 보자 본능적으로 손을 뻗어서 잡으려고 했다. 이때 나머지 네 마리 원숭이가 달려들어 원숭이 A를 때렸다. 네 마리 원숭이는 새로운 원숭이가 바나나를 잡으려고 하면 모두가 물에 맞을 것이라는 사실을 알았기 때문에 무력으로 원숭이 A를 막은 것이다. 원숭이 A는 결국 바나나를 잡으려는 생각을 버렸다.

이번에 실험자는 실험 처음부터 있던 원숭이 중 한 마리를 내보내고 또 다른 원숭이 B를 우리에 넣었다. 원숭이 B가 바나나를 잡으려고 다가가자 이전과 같은 상황이 벌어졌다. 나머지 네 마리 원숭이들이 원숭이 B를 응징했는데 그중에서도 여러 차례 몰매를 맞았던 원숭이 A가 가장 호되게 원숭이 B를 때렸다. 원숭이 B도 여러 번 몰매를 맞은 뒤에는 바나나를 포기했다.

실험자는 우리 안의 원숭이를 한 마리씩 교체했다. 마침내 실험을 시작했을 때의 원숭이 다섯 마리가 다 나가고 새로운 원숭이들만 남았다. 그런데 이 원숭이들 모두 바나나를 잡으려고 하지 않았다. 이것이 바로 도덕의 기원이다.

계급의 기원

실험자는 이 실험을 계속 진행하면서 벌칙을 바꿨다. 바나나를 잡으려고 다가가는 원숭이가 있으면 전체 원숭이가 아니라 바나나를 잡으려는 원숭이에게만 물을 뿌렸다. 이어서 실험자는 우리 속의 원숭이 한 마리를 내보내고 새로운 원숭이 C를 집어넣었다.

원숭이 C는 다른 원숭이에 비해 체격이 건장하고 힘이 셌다. 원숭이 C는 우리에 들어가자 곧바로 바나나를 향해 다가갔다. 그러자 나머지 원숭이들이 달려들며 원숭이 C를 응징하려고 했다. 그런데 원숭이 C는 뭇매를 맞기는커녕, 오히려 다른 원숭이들을 공격했다. 원숭이 C는 말리는 원숭이들이 없자 순조롭게 바나나를 잡았다. 물론 온몸이 흥건히 젖었지만 말이다.

원숭이 C는 젖은 털은 가다듬으며 의기양양하게 바나나를 먹었다. 다른 원숭이들은 비록 바나나를 얻지 못했어도 자신은 물에 젖지 않았다는 사실에 기뻐했다. 얼마 후 원숭이 C는 여러 차례 바나나를 집으려 시도했고 그때마다 물에 젖었다. 그러자 제일 약한 원숭이 A를 위협해서 바나나를 집어오게 시켰다. 원숭이 A는 원숭이 C에게 맞는 게 두려워서 바나나를 잡으러 갔고 그때마다 물에 젖었다. 옆에서 이를 지켜보던 나머지 원숭이 세 마리는 원숭이 C만큼 신나지 않았지만 적어도 원숭이 A보다는 행복했다.

그렇게 해서 우리 속의 원숭이 다섯 마리 사이에 바나나를 가져오는 원숭이, 그 바나나를 먹는 원숭이, 옆에서 지켜보는 원숭이라는 세 개의 계급이 생겼다. 계급은 도덕이 생긴 뒤에 생겨났다.

9

회사가 내 능력을
몰라줄 때 바로
써먹는 심리학

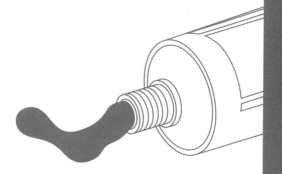

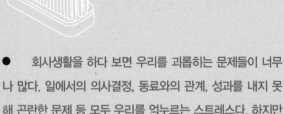

● 회사생활을 하다 보면 우리를 괴롭히는 문제들이 너무
나 많다. 일에서의 의사결정, 동료와의 관계, 성과를 내지 못
해 곤란한 문제 등 모두 우리를 억누르는 스트레스다. 하지만
스트레스 때문에 삶을 엉망으로 만들지, 자신을 다시 일으켜
잠재된 능력을 발휘할지는 우리 자신에게 달려 있다. 9장에서
는 회사생활에서 성과를 내고 인정받기 위해 어떤 태도와 행
동을 가져야 하는지 알아본다.

01

당신의 인격을 만드는 것
- 거울자아로 나를 파악하기

모든 사람에게는 주관적 자아와 객관적 자아가 있다. 주관적 자아, 즉 주아主我란 감정을 느끼는 주체이며 어떤 행동이나 반응을 통해 드러나는 '자아'다. 여기에는 '마음이 아프다', '신난다' 등 모든 내적 감정과 주관적 체험이 포함되는데 이 모두가 주아다. 객관적 자아, 즉 객아客我란 외부세계의 평가와 자아의 평가를 통해 존재하는 자아다. 주아를 평가하는 독특한 관점이자 모든 외부 사물과 비교하는 대상이기도 하다.

우리는 인격이 형성되는 과정에서 주아의 느낌을 통해 자신의 정서 변화와 행동 방식을 직접적으로 관찰한다. 또한 주아를 인지한다는 전제하에 자아의식과 사회적 관계를 부단히 형성해

나간다. 객아의 존재는 거울과 같아서 타자의 눈을 통해 주아의 발전을 수시로 주시한다. 객아는 주위 사물을 보듯 혹은 타인을 대하듯 주아를 대하고 평가하여 주아의 발전에 제안과 참고를 제공한다. 달리 말하면 사람의 인격은 주아와 객아의 공동작업을 통해 형성된다. 주아와 객아는 서로 정보를 교환하고 서로의 부족한 부분을 채워주는데, 이를 통해 점차적으로 정체성을 형성한다.

사실 주아와 객아의 상호작용은 한 사람의 장기간에 걸친 사회화 과정이라고 볼 수 있다. 주아와 객아가 대화하고 소통하고 서로에게 영향을 주는 과정에서 인격이 형성되기 때문이다. 본능적·자연적·자주적인 주아가 사회를 관찰하는 타자를 통해, 자신에 대한 타인의 평가를 통해, 자신의 역할에 대한 객아의 반성을 통해서 동물적 본능이 더 강했던 인간에서 사회구성원이 된다.

미국의 사회학자 찰스 쿨리Charles H. Cooley는 '거울자아looking-glass self'라는 개념을 제시했다. 거울자아는 거울을 보고 자신의 외모를 판단하는 것처럼 주변 사람들이 나를 어떻게 생각하는지를 거울삼아 자기 자신을 파악하는 것을 가리킨다. 한 사람이 어떤 사람인지 어떤 방식으로 사회 속에서 존재하는지는 주관적으로 결정되거나 타인의 의견에 따라 전적으로 결정되는 것이 아니라, 객아가 주도적으로 타인의 생각을 참고로 하여 도출해낸 결과다. 쿨리가 말한 대로 '우리가 자부심 혹은 수치심을 느끼는 것은 일종의 입력된 감정이며 이는 타인의 마음에 일어난 반응을 상상함으로써 느끼는 것이지 우리 자신의 자동적인 반응이 아니다.'

객아의 반성과 평가의 기능

인간은 사회 속에서 주아와 객아의 공동작용으로 더 잘 생존할 수 있다. 폐쇄적인 원시 자연 속에서 살아가는 것은 단지 주관적인 의지가 이끌 뿐 객관적으로 자아를 감독하는 요소가 빠져 있기 때문에 인류사회의 생활방식에 어긋난다. 이는 숲에서 태어나고 자란 늑대아이의 경우를 통해 알 수 있다.

1920년 인도 콜카타 근처의 숲에서 사냥을 나간 사람들이 커다란 늑대 한 마리를 사냥한 뒤 늑대굴에서 늑대의 보살핌 속에 자란 두 명의 여자아이를 발견했다. 나이가 많은 아이는 여덟 살, 어린아이는 두 살 정도로 추정되며 모두 출생 후 반년이 지나서 늑대에게 잡혀온 것으로 보였다. 두 소녀는 구조된 뒤 현지의 고아원으로 보내졌고 각각 카말라와 아말라라는 이름을 얻었다.

두 소녀는 언어, 동작, 정서 반응 등에서 늑대의 습성이 뚜렷하게 나타났다. 두 소녀 모두 말하지 못했지만 특이한 소리를 냈다. 손을 쓰지 못했고 직립보행을 못 했으며 늑대처럼 네 발로 기었다. 또 그들은 사람들은 두려워했지만 개나 고양이와 같은 동물들에게는 친근함을 보였다. 낮에는 꼼짝도 하지 않다가 밤이 되면 여기저기 돌아다녔고 늑대처럼 울부짖었다.

아말라는 인간사회로 돌아온 지 두 달이 되었을 때 약간의 소리를 낼 수 있게 되었고 배고프거나 목마르다는 의사 표시가 가능해졌지만 안타깝게도 열한 달이 넘었을 때 죽고 말았다. 카말라는 2년 후에야 비로소 짧은 단어를 말할 수 있었고 4년 후에는 여섯 개의 단어를 배웠으며 7년째에 45개의 단어를 배웠다. 5년이 지난 뒤 그녀는 고아원에서 생활하는 다른 어린아이들을 돌보았고 칭찬을 받으면 기뻐했고 잘못을 저질렀을 때는 눈물을 흘리며 울었다. 이런 변화는 그녀가 객관적인 환경 속에서 자신의 위치를 새롭게 찾았고 인간의 감정과 욕구를 드러내기 시작했음을 알려준다. 그녀는 열일곱 살이 되던 해에 세상을 떠났다. 죽기 전까지도 그녀는 여전히 제대로 말하지 못했고 지적 능력은 세네 살 아동 수준에 머물렀다.

늑대소녀의 이야기는 주아에 영향을 주는 객아의 반성과 평가의 기능을 증명한다. 인간은 고도로 사회화된 동물이어서 사회 속에서 개별적인 성장과 발전을 완성한다. 만약 집단생활을 벗어나 사회화라는 과정을 거치지 않으면 결국에는 인간만의 고유한 특징을 형성할 수 없고 사회에서 생존할 능력을 잃는다.

중국 영화 〈성룡의 CIA 我是谁, Who am I〉에서 성룡이 연기한 특수요원 잭은 임무를 수행하는 도중 기억을 잃었다. 후에 그는 여기저기 떠돌다가 원주민 마을에 도착했지만 자신이 어디에서 왔으며 누구인지도 말하지 못했다. 잭은 종일 원주민들과 함께 생활하면서 활로 사냥하는 법을 배우고 생존기술을 배웠으며 나중에는 그들의 언어까지 배웠다.

잭의 경험은 늑대소녀의 이야기와 유사한 점이 많다. 이는 주아에 대한 객아의 영향력을 설명한다. 성인이라고 해도 기존의 객아를 잃으면 새로운 환경 속에서 새로운 평가 시스템을 구축하고 새로운 주아와 자아의식을 형성한다. 새로운 주아와 객아가 원래의 궤도에서 얼마나 멀리 떨어졌는지는 처한 환경에 따라 결정된다.

02

'웃는 표정'이 중요하다

– 제임스 랑게 이론

어느 심리학자가 온도가 다른 세 개의 방을 준비하며 다음과 같은 실험을 했다. 첫 번째 방의 온도는 33도이며 열실이라고 불렀다. 열실에 들어간 사람들은 매우 더워하며 불쾌감을 느꼈다. 두 번째 방의 온도는 20도이며 온실이라고 불렀다. 이곳에 있으면 적정한 온도 덕분에 쾌적함을 느끼고 아무런 불쾌감도 느끼지 않았다. 세 번째 방의 온도는 7도이며 냉실이라고 불렀는데 이곳에 있으면 행동이 위축되고 쾌적함을 느끼지 못했다.

실험자는 이 세 개의 방에 피험자를 임의로 배정한 뒤 서면 테스트를 진행했다. 테스트가 끝나면 또 다른 실험자가 피험자들의 답을 평가했다. 이 평가자는 피험자들에게 모욕적인 평가를 내릴 때도 있었다. 각 방에는 전자버튼이 설치되어 있어서 그의 평가를 들은 피험자가 이 버튼을 누르면 평가자에게 벌로 전기 충격을 줄 수 있다. 실제로 전자버튼은 평가자와 연결된 것이 아니라 사전에 고통스런 신음소리를 미리 녹음해둔 녹음기와 연결되어 있었다.

실험결과 열실에 있던 피험자는 평가자가 정확한 평가를 내렸는지 아니면 모욕적인 평가를 내렸는지는 상관없이 계속해서 전자버튼을 눌렀다. 냉실에 있던 피험자는 평가자가 공정하지 못하거나 인격을 모독하는 말을 할 때에만 전자버튼을 눌렀다. 온실에 있던 피험자는 평가자를 전혀 벌하지 않았다. 이 실험을 통해 심리학자는 인간은 환경의 온도에 영향을 받는다는 결론을 내렸다.

위의 실험 내용을 읽은 뒤에도 제임스 랑게 이론James-Lange Theory의 핵심을 이해하지 못한 독자가 있을 수도 있다. 그렇다면 주변에서 자주 접할 수 있는 몇 가지 문제를 생각해보자. 우리는 기뻐서 웃는 걸까? 아니면 웃기 때문에 기쁜 걸까? 우리는 슬퍼서 우는 걸까? 아니면 울기 때문에 슬픈 걸까? 제임스와 랑게는 이 문제를 깊이 고민했다.

제임스에 의하면 우리는 우리를 자극하는 대상을 인지하는 순간 신체적으로 변화가 일어나는데 이런 변화가 일어나기 전, 우리가 이 변화를 느끼는 것이 바로 정서다. 우리를 자극하는 대상은 결코 곧바로 정서를 일으키지 못한다. 자극을 인지한 후 정서가 일어나기 전에 신체적인 반응이 반드시 먼저 일어난다. 좀 더 쉽게 설명하면 우리는 울기 때문에 슬프고, 손으로 내리치기 때문에 화가 나는 것이고, 몸을 떨기 때문에 두려움을 느낀다. 제임스는 정서란 단지 신체적 변화에 대한 반응이며 이러한 반응이 일어나는 원인은 외부세계가 아니라 신체에서 나온다고 설명했다. 덴마크 심리학자 랑게도 같은 해에 이 문제를 연구했기 때문에 이 이론을 일컬어 제임스-랑게 이론이라고 부른다.

기뻐서 웃는 걸까?
아니면 웃기 때문에 기쁜 걸까?

사람들은 정서가 먼저 생기고 그 반응으로 행동한다고 알고 있다. 즉 슬퍼서 울고, 두려워서 몸을 떤다고 말이다. 하지만 심리학자는 실험을 통해 이와 상반된 관점을 증명했다. 제임스와 랑게가 지적한 대로 인간은 울기 때문에 슬프고 몸을 떨기 때문에 두려움을 느낀다.

아래 일본의 한 기업가가 행한 표정관리 훈련은 이 이론을 응용한 것이다.

일본에서 생산한 전자제품과 자동차는 그 품질을 인정받아 전 세계에 판매된다. 일본인의 장사 수완 역시 세계적으로 인정받고 있다. 그러나 일본인은 감정을 밖으로 드러내지 않아서 고객을 향해 좀처럼 미소를 짓지 않는다. 서양인은 공통적으로 일본인의 비즈니스 스타일을 융통성이 없다고 평가한다.

일본인의 이러한 감정표현에 문제를 느낀 한 기업가가 직원들에게 미소 짓는 법을 훈련시켰다. 퇴근하기 30분 전 이 기업의 사무실에서 모든 직원이 업무를 중단하고 미소 짓는 훈련을 시작했다. 직원들은 젓가락 한 짝을 입에 가로로 문 뒤 그때의 얼굴 표정을 고정한 채 젓가락을 떼어냈다. 이때의 얼굴 표정이 상담할 때 필요한 미소 짓는 얼굴이었다.

많은 사람들은 위 방법이 우스꽝스럽고 미소 짓는 표정 또한 부자연스럽다고 생각하지만 이 방법은 심리학 연구를 근거로 삼고 있다. 100년 동안 제임스 랑게 이론은 수많은 비판을 받았음에도 줄곧 사람들의 주목을 받고 있으며 지금까지도 심리학 연구에 회자되고 있다. 이 이론은 행동과 정서 사이에 존재하는 관계를 제시하여 지금도 여전히 중요한 자리를 차지하고 있다. 이어진 후속 연구는 이 연구의 부족한 부분을 보충해주었다.

03

스트레스를 에너지로 바꾸는 법

– 잠재된 능력 발휘하기

제리에게는 짐이라는 친구가 있다. 짐은 머리가 좋은 편이다. 학창시절부터 수학과 과학을 잘했고 회계에 능통해서 회계사로 일하고 있다. 지금은 수백만 위안이 넘는 고객의 자산을 자유자재로 운용해서 고객에게 엄청난 수익을 안겨주는 동시에 자신도 상당한 금액의 보수를 받는다. 그런데 일에 있어서 천재인 그는 정작 자신의 인생은 제대로 관리하지 못해서 바보같이 살고 있다.

짐은 이제 막 창업한 제리에 비하면 상당한 자금을 보유하고 있었다. 어느 날 짐은 제리에게 집을 사고 싶다고 말했다. 제리는 짐의 생각에 찬성하며 부동산 관련 업무를 하는 친구 몇 명을 소개해주었다. 몇 주가 지난 뒤 짐이 제리에게 전화를 걸었다. "내가 지금 바보 같은 짓을 하는 거 아닐까? 난 그저 집 하나 장만할 생각이었는데 은행에서 대출을 받으려면 준비해야 할 서류도 많고 시간도 오래 걸려서 스트레스를 받네. 지금이라도 집 장만을 포기할까?"

하지만 제리의 충고 덕분에 짐은 마침내 마음에 드는 집을 골랐다. 그래서 짐은 매달 꼬박꼬박 은행 대출 이자를 갚는 생활을 시작했는데 얼마 지나지 않아 몸과 마음이 모두 지쳐버렸다. 그는 다시 제리에게 전화를 걸어 고민을 털어놓았다. "제리, 은행에 갚을 빚이 자그마치 100만 위안이 넘어. 내가 정신이 나간 게 아닐까?"

짐은 IQ가 160이 넘는데도 행복하게 살지 못했다. 매일 엄청난 스트레스에 시달려서 밤에는 잠을 이루지 못하고 여자친구와 제대로 된 데이트도 하지 못했다.

제리는 직장에서 엘리트로 인정받는 짐이 살면서 부딪히는 조그만 스트레스도 감당하지 못하는 것을 이해할 수 없었다. 짐으로부터 연거푸 열 통 넘게 전화를 받고나서는 제리도 더 이상 참지 못하고 화를 내며 말했다. "살아가는 데에는 적당한 스트레스도 필요한 법이라고. 그 정도 스트레스도 감당하지 못한다면 너는 IQ만 높은 백치일 뿐이야!"

현명하고 건강하게 스트레스에 대처하라

살다 보면 우리를 괴롭히는 문제들이 너무나 많다. 직장에서의 의사결정, 연애하면서 생기는 곤란한 문제, 가족 사이의 관계, 친구와의 우정 등 모두가 해결이 안 되는 문제들이고 끊임없이 우리를 억누르는 스트레스다.

모든 사람은 각자 다른 환경에 처해 있기 때문에 해결해야 할 문제가 다르고 감당해야 할 스트레스가 다르다. 스트레스는 늘 우리를 긴장하고 불안하게 만들기 때문에 느슨해진 생활마저도 바짝 긴장하게 한다. 그러나 심리학자들은 생활 속에서 느끼는 적당한 스트레스는 지극히 정상이며 심신의 건강에 유익하다고 말한다.

다음과 같은 이야기가 있었다. 어느 여든 살이 넘은 할머니가 땔감을 구하러 산에 올랐다. 할머니는 기운이 없어서 땔감을 한 묶음씩 나누어 산 아래로 옮겼고 가는 길에 지치면 바닥에 걸터앉아 잠시 쉬었다. 날이 곧 어두워지려고 하자 할머니는 이런 생각이 들었다. '애들이 내가 돌아오지 않은 것을 보면 분명 나를 데리러 오겠지.' 그래서 할머니는 땔감 더미 위에 앉아서 가족이 오기를 기다렸다.

그런데 갑자기 먼 곳에서 늑대 울음소리가 들렸다. 늑대 울음소리가 점점 가까이 들리자 할머니는 겁이 덜컥 난 나머지 땔감

더미를 짊어지고 잰걸음으로 산을 내려갔다.

사람의 잠재능력은 대단하다. 기력이 없는 할머니라도 극도로 긴장된 상황에서는 놀라운 힘을 발휘한다. 사실 인간은 생각만큼 그렇게 약하지 않다. 막다른 골목에 내몰리면 믿기 어려운 능력을 발휘하고 자신도 미처 몰랐던 새로운 면이 드러난다.

스트레스 때문에 삶을 엉망으로 만들지, 아니면 나태했던 자신을 자극해서 잠재된 능력을 발휘할지는 오로지 우리 자신에게 달려 있다. 집에서든 아니면 직장에서든 자신을 긴장시키는 일을 자신의 잠재된 능력을 깨우는 유용한 기회로 삼아서 스트레스를 에너지로 삼는다면 건강하고 낙천적인 태도를 유지할 수 있으며 현명하게 스트레스에 대처할 수 있을 것이다.

적극적 심리와 소극적 심리
– 성과와 태도의 상관관계

장샤오자는 무슨 일을 하든 열정적으로 한다. 그는 준비단계부터 현장에서 실제로 진행하기까지 모든 과정을 순조롭게 진행해서 상사로부터 인정받고 있다. 한편 판샤오이는 일할 때 늑장을 부리고 불평과 불만이 많으며 사소한 실패에도 쉽게 포기한다. 그 결과 같은 시간과 자원을 썼음에도 성과를 내지 못한다.

그렇다면 이 두 사람의 지적능력에 차이가 있고 품성의 격차가 크다고 말할 수 있을까? 혹은 두 사람 개인적 능력의 차이가 커서 아예 비교가 안 된다고 말할 수 있을까? 이것들 모두 진정한 차이가 아니다. 진정한 차이는 그들이 일하기 전의 태도에서 나온다. 성공과 실패는 모두 태도에 따라 결정된다.

직장에서든 일상생활에서든 태도와 행동 사이에는 미묘한 관계가 있다. 우리는 생활 속에서 또 일하면서 예기치 않은 일과 돌발상황을 만날 수 있다. 이때 적극적이고 낙천적인 태도로 처리할 수 있고 또 불만과 불평에 가득 차서 대충 처리할 수도 있다. 심리 상태의 차이는 행동에 직접적으로 영향을 주며 최종 결과에도 당연히 큰 차이를 만든다.

나폴레옹이 말했다. "사람과 사람 사이에는 단지 사소한 차이만 있을 뿐이다. 그러나 이런 사소한 차이가 커다란 차이를 만든다. 사소한 차이란 적극적인 마음가짐이냐 소극적인 마음가짐이냐를 가리키고, 커다란 차이란 성공과 실패를 뜻한다."

태도는 사람이 행동하기 전의 심리적인 기대에 영향을 주고 심리적 기대는 행동의 결과에 직접적인 영향을 준다. 소극적인 사람은 문제를 만나면 골칫거리라고 생각하고 해결이 불가능하다는 생각에 기가 죽는다. 이에 반해 적극적인 사람은 문제를 만나면 거기서 기회, 도전, 희망을 보고 이를 해결하는 자신을 본다. 두 사업가가 있다고 하자. 일하는 태도가 소극적이고 최선을 다하지 않는 사업가는 자본금을 모두 잃었다. 적극적으로 일하는 사업가는 고객을 유치해서 100퍼센트 이윤을 냈다. 이렇듯 태도의 차이가 두 사람의 자본금에 두 배의 격차를 만든다.

태도는 심리적인 기대에 큰 영향을 준다

연못가에 개구리 떼가 살고 있었다. 어느 날 어린 개구리들이 담력 겨루기 시합을 열었다. 까마득히 높은 철탑의 꼭대기에 오르는 개구리가 승자가 된다. 힘 있고 날쌘 개구리들이 시합에 출전했다.

시합이 시작되자 구경하러 온 개구리 중 한 마리가 감탄하며 말했다. "철탑은 저렇게 높고 우리는 이렇게 작은데 어떻게 저길 올라간다는 거지?" 또 다른 개구리가 맞장구를 쳤다. "말도 안 되지. 불가능하다고. 이런 시합을 연다는 것부터 말이 안 되는 일이야." 시합에 나갔지만 맨 뒤에서 눈치를 보던 개구리들은 그 말을 듣자 기가 죽어서 시합을 포기했다. 그들은 길가 풀밭에 몸을 숨기고 철탑으로 향하는 개구리들을 지켜보았다.

"이건 너무 어려운 일이야. 도저히 올라갈 수 없다고." 선수로 나온 개구리들도 서로 이런 이야기를 주고받았다. 그들은 움직임이 조금씩 느려지더니 급기야 바닥에 주저앉고 말았다. 그 뒤에 오던 개구리들은 그들을 밟고 뛰어올랐다.

점점 더 많은 개구리들이 철탑에 오르는 것이 너무 어렵다고 생각했고 도전할 용기를 잃고 줄줄이 포기했다. 그중 몸집이 작은 한 마리 개구리만이 계속해서 몸을 움직였다. 그는 시합이 시작된 뒤 쉬지 않고 철탑을 향해 몸을 날렸고 주위의 개구리들이 포기해도 전혀 신경 쓰지 않았다. 결국 그는 철탑 꼭대기에 오른 유일한 개구리가 되었다.

시합에서 우승한 개구리는 승리를 위해 끝까지 포기하지 않았고 그 결과 우승을 거두었다는 사실을 매우 자랑스럽게 여겼다. 그때 한 어린 개구리가 그에게 와서 우승할 수 있었던 비결을 물었다. 우승한 개구리는 침착하게 대답했다. "시합에 나가기 전에 할아버지께서 이렇게 말씀하셨어. 이 시합은 계속 전진만 하면 되는 아주 간단한 경기라고 말이지. 나는 할아버지 말대로 계속해서 앞으로 갔을 뿐이야. 그렇게 가다 보니 금세 결승점에 와 있더라고."

위 일화로부터 우리는 행동하기 전의 태도가 행동의 결과에 얼마나 큰 영향을 미치는지 알 수 있다. 어떤 일이든 그 일을 하기 전에 자신에 대해 정확히 파악해야 하고, 자신의 태도에 대해서도 정확히 평가해야 한다. 적극적인 사람은 더 많은 방법과 강점을 보지만 소극적인 사람은 오로지 약점과 어려움만 본다. 만약 자신이 실망과 불안으로 가득하다면 그때는 깨끗하게 포기하는 것이 낫다. 태도를 적극적으로 바꿔서 방법을 찾아내고 그 일을 해낼 수 있다는 믿음을 가질 때 행동해도 늦지 않다.

내게 주어진 삶을 긍정하기
– 인생의 궁극적 명제 설정하기

한 사업가가 해변의 작은 부두에 서 있다. 그는 부두에 배를 정박시키고 있는 어부를 물끄러미 바라보았다. 어부의 배에는 값나가는 물고기 여러 마리가 실려 있었다. 사업가는 어부에게 물고기를 많이 잡았다며 축하한 뒤 이렇게 물었다. "이 물고기들을 잡으려면 매일 몇 시간이나 바다에 나가 있어야 합니까?"

어부가 대답했다. "얼마 안 걸려요. 그물을 치고 잠시 기다리고 난 뒤 걷어 올리면 됩니다."

사업가가 물었다. "그렇다면 왜 그렇게 서둘러서 돌아옵니까? 좀 더 시간을 두고 기다리면 더 많은 물고기를 잡을 수 있을 텐데요?"

어부는 이해가 되지 않는다는 표정으로 사업가에게 말했다. "이 정도면 이미 충분합니다."

어부가 빠른 걸음으로 부두를 빠져나가자 사업가도 그 뒤를 바짝 쫓으며 물었다. "그럼 일하고 돌아오면 시간이 많을 텐데 그 많은 시간에 무엇을 합니까?"

어부가 웃으며 대답했다. "나는 매일 눈이 떠질 때까지 자다가 물고기를 잡으러 바다로 나갑니다. 물고기를 잡은 다음에는 집으로 돌아가서 아이들과 같이 놀다가 낮잠을 잡니다. 해질 무렵에는 마을로 나가 친구들과 술 한 잔 기울이고 기타를 치지요."

사업가는 어부에게 한 가지를 제안했다. "당신의 생활을 바꿔보는 게 어떻습니까? 매일 바다로 나가서 지금보다 더 많은 양의 물고기를 잡으세요. 그리고 물고기를 판 돈을 모아서 좀 더 큰 배를 사는 겁니다. 그러면 더 많은 물고기를 잡을 것이고 그 돈으로 더 많은 배를 사서 선단을 갖는 겁니다. 그때가 되면 선단이 잡아온 물고기를 부두에 팔지 말고 가공공장에 파세요. 그렇게 번 돈으로 당신이 직접 통조림 공장을 열어 생산, 가공, 판매까지 맡아서 하나의 사업을 경영하는 겁니다. 사업가가 되어 이 어촌을 떠나 뉴욕과 같은 대도시로 나갈 수 있습니다."

어부가 의심쩍은 듯 물었다. "그러고 나면 나는 무얼 합니까?"

사업가가 말했다. "당신의 회사를 증시에 상장하는 거죠. 그때가 되면 투자자들에게 회사의 지분을 팔고 은퇴해도 됩니다. 은

퇴하면 해변의 한적한 어촌으로 가서 매일 자고 싶은 만큼 자고, 일어난 뒤에 바다로 나가 물고기 몇 마리를 잡아 돌아와서 아이들과 놀다 낮잠을 자지요. 해질 무렵이면 술 한 잔을 기울이며 기타를 연주해도 좋고요."

어부는 황당한 표정으로 사업가에게 말했다. "나는 이미 그렇게 살고 있답니다."

살아가는 것 이외의 어떤 것을 위해 살아가지 마라

사업가는 돈과 명예를 모두 차지한 뒤 은퇴하는 것이 인생의 목표다. 반면에 어부는 지금 이 순간 자유롭고 한가한 삶을 즐기고 있다.

당신은 무엇을 위해 사는가?

필자가 언젠가 가까운 친구들에게 이 질문을 던진 적이 있다. 다들 이 질문에 코웃음을 쳤지만 그래도 몇 가지 대답을 얻을 수 있었다.

"무엇을 위해 사는지 생각해본 적 없어. 난 그저 살아있으니까 열심히 살아야겠다고 생각해. 죽고 나면 아무것도 아니니까."

"당장 죽을 용기는 없으니까 거대한 톱니바퀴에 붙은 쇠부스러기와 같더라도 지금의 생활을 반복해서 살아가는 거지."

"신념, 미래, 추구하는 이상을 위해서 살아가지."

"책임 때문이야. 가족과 사회에 대한 책임을 다하기 위해서."

또 어떤 사람은 이런 대답을 했다. "질문이 너무 형이상학적이야. 만약 남자친구의 가치관을 알고 싶다면 이런 철학적인 문제로 떠보지 말라고."

많은 사람들에게 물어보았지만 인생의 궁극적인 명제에 대해 나는 여전히 고민 중이다. 어쩌면 당신도 나처럼 철학자도 대답하지 못하는 문제와 종일 씨름하다 형이상학적인 태도로 이 세계를 대할 수도 있을 것이다.

중국 소설가 위화는 《살아가는 것》에서 '사람은 무엇 때문에 사는가?'라는 물음에 자기만의 답을 제시했다. "사람은 살아있기 때문에 살아가는 것이지 살아가는 것 이외의 어떤 것을 위해 살아가는 것이 아니다." 이 말은 너무 추상적이어서 명확한 답안을 제시하지 못한다. 그러나 시간을 두고 곱씹으면 이 말의 깊은 뜻을 차츰 이해할 수 있다.

어쩌면 살아가는 것은 그냥 살아가는 것이며 순리에 따라 존재하는 것이다. '살아가는 것'에 굳이 이유를 찾지 않아도 된다. 결국 우리가 살아가는 것은 기정사실이기 때문이다. 밤하늘의 달을 보고 왜 기울었다 차는 일을 반복하느냐고 따질 필요 없고, 논밭의 작물이 왜 자라는지를 고민할 필요가 없는 것과 같다. 기정사실 속에서 놀라운 발견을 한다면 그것은 큰 행운이겠지만 자신에게 주어진 삶을 기쁘고 즐겁게 살아가는 것 역시 나쁘지 않은 선택이다.

소수의견을 관철시키는 방법

역사 속의 콜럼버스, 갈릴레오, 마틴 루터 킹을 떠올려 보면 처음 새로운 변화를 시도하는 사람들은 언제나 소수였다. 이에 대해 랄프 왈도 에머슨은 이렇게 썼다.

"모든 역사는 소수그룹의 힘에 관한 기록이며 오직 한 사람으로 구성된 소수그룹에 대한 기록이다."

그러나 현실에서는 소수그룹에 속한 개인들은 다수그룹 안에서 환영받지 못한다. 그들은 한 가지 주장만을 신봉하는 다수의 사람들 가운데서 자기주장을 끝가지 밀고 나가야 하는 동시에 다수의 횡포를 견뎌야 하며 때로는 다수에 의해 고립되기도 한다. 그러나 자기주장을 결코 굽히지 않고 끝까지 일관되게 지켜낼 수 있다면 그들은 놀라운 성과를 거둘 수 있다.

프랑스 파리대학의 심리학과 세르주 모스코비치Serge Moscovici 교수는 다수에 영향을 주는 소수에 관한 실험에서 핵심 요인 몇 가지를 정리했는데 그것은 자기주장을 소신 있게 밀고 나가는 것과 다수그룹의 분열이다.

소수그룹의 개인이 자기주장을 밀고 나가면 다수그룹의 결정을 뒤흔들 수 있다. 또 다수그룹에서 빠져나온 구성원은 소수그룹에 힘을 실어주어서 그 영향력을 증대시킨다.

다수그룹의 누군가가 자기주장을 재고하기로 결정하면 그는 소수그룹의 주장을 선택한다. 다수그룹에 속했던 사람이 소수그룹으로 넘어가는 것은 처음부터 자기주장을 밀고 나갔던 소수그룹보다 영향력이 더 크다.

모의 배심원단 회의 실험에 따르면 다수그룹에서 분열이 일어나서 소수그룹으로 넘어가는 사람이 생기면 다른 사람들도 하나둘 소수그룹으로 넘어가서 마지막 결정을 내리는 때가 되면 소수그룹의 주장이 채택된다고 한다.

사회심리학 연구에서 '소수그룹이 다수그룹의 분열시킬 수 있다'는 주장 자체가 연구자들 중 소수그룹의 견해라는 점은 매우 흥미롭다. 현재까지 네메스 교수와 모스코비치 등의 심리학자들은 이미 다수의 학자들을 설득하는 데 성공했다. 소수의견이 다수가 결정을 내리는 데 미치는 영향은 이미 연구할 만한 주제가 되었다.

10

편견과 오해에서
벗어나고 싶을 때
바로 써먹는 심리학

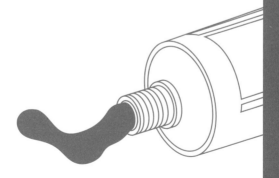

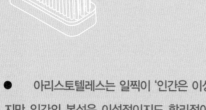

● 아리스토텔레스는 일찍이 '인간은 이성적 존재'라고 했지만 인간의 본성은 이성적이지도 합리적이지도 않다. 섣부르게 일반화하는 뇌신경의 오류, 자기중심적 편견과 오해로 우리는 잘못됐다는 것을 뻔히 알면서도 비합리적인 판단을 내릴 때가 많다. 10장에서는 성과를 방해하는 자기중심적 오해와 편견을 알아본다.

01

이중잣대를 없애는 가장 효과적인 방법

– 파렴치한 뇌

어느 심리학자가 다음과 같은 실험을 했다. 실험자는 피험자 A 에게 실패를 끼었다 뺐다 하는 동작을 쉬지 않고 반복하라고 요구했다. 실험자의 의도를 모르는 피험자 A는 지루하고 짜증이 났지만 계속해서 같은 동작을 반복했다.

한 시간이 지나자 실험자는 의자에 앉아서 담배를 꺼내 피기 시작했다. 이를 본 피험자 A는 자신이 참여한 실험이 이미 끝났다고 생각했다. 그러나 그것은 착각이었다. 이전의 한 시간 동안 했던 실험은 단지 준비단계에 불과했다. 이어서 진행될 실험에서 방금까지의 작업이 피험자에게 어떤 영향을 미치는지 관찰하는 것이 이 실험의 주된 목적이었기 때문이다.

본격적인 실험은 이제부터다. 실험자는 피험자 A에게 이후의 실험을 설명했는데 사실 이 모두가 거짓이다. 실험자는 피험자에게 모든 피험자들은 두 그룹으로 나뉘었는데 한 그룹은 사전에 이 실험이 '재미있다'는 설명을 들었고 또 다른 한 그룹은 설명을 듣지 못했다고 말했다. 그러면서 피험자 A에게 그가 바로설명을 듣지 못한 그룹에 속한다고 알려주었다. 실험자는 실험조교 한 명이 갑자기 나오지 않았다며 피험자 A에게 조교가 되어줄 수 있는지 의사를 물었다. 그가 할 일은 다른 피험자에게이 실험은 재미있다고 알려주는 것이었다. 물론 이 역시 거짓말이다. 실험조교는 처음부터 없었다. 만약 피험자 A가 동의한다면 그에게 보수로 1달러를 준다는 말도 덧붙였다. 피험자 A는조교가 되기로 동의했다. 실험자는 같은 이유를 들어 다른 피험자들의 의향을 물었고 그들 모두 조교가 되겠다고 동의했다. 실험자는 이들에게는 보수로 20달러를 주겠다고 약속했다. 이 실험이 진행된 1950년대에 20달러는 결코 적지 않은 수입이었다.

그저 거짓말 한마디만 하면 20달러를 받는다고 하자 많은 사람들이 거짓말을 하겠다고 선택했다. 그런데 고작 1달러의 보수에도 피험자 A는 실험자의 요구에 기꺼이 동의했다. 이것이 바로 실험자가 찾는 핵심문제다. 실험이 끝난 뒤 모든 피험자가 각자 느낀 점을 보고서로 적어서 제출했다. 실험결과, 보수로 1달러를 받은 피험자 A가 20달러를 받은 다른 피험자들보다 이 실험을 더욱 재미있다고 생각했다.

실험이 끝난 뒤 실험자는 피험자들의 보고서를 정리한 뒤 다음과 같은 결론을 내렸다. 사람들은 자신의 믿음과 행동이 불일치하다는 것을 명확히 인식할 때 마음속 인지부조화를 해소하기 위해 특정 행동에 대한 믿음과 태도를 그 행동을 합리화하는 방향으로 슬며시 조정한다는 것이다. 이렇게 '슬며시 조정'하는 경향은 인간의 뇌가 문제를 처리하는 이중잣대를 보여준다.

처음 한 시간 동안 같은 동작을 반복했을 때 피험자들은 속으로 이 지루한 실험에 대해 욕하며 빨리 끝나기만을 바랐다. 그러나 그들이 실험자로부터 돈을 받고 조교 역할을 대신해달라는 유혹을 받았을 때 마음속의 짜증과 분노는 순식간에 사라졌다. 그들은 약간의 보수를 얻기 위해 실험자를 도와 다른 피험자를 '속이는 데' 동참했다.

이처럼 자신에 대한 태도와 남에 대한 태도가 다른 상황에서 바로 '파렴치'한 짓을 하는 뇌의 이중잣대가 나타난다. 물론 우리는 피험자 A가 인지부조화를 겪는 것을 보았다. 그는 실험이 끝난 뒤 제출한 보고서에서 '이 실험은 재미있었다'라고 적었는데 이는 완전히 자신은 물론 남까지 속이는 자기합리화의 방식이며 양심의 가책을 피하기 위한 어쩔 수 없는 선택이었다.

타인의 입장에서 생각하고 말하라

이러한 이중잣대 정책은 생활 속 곳곳에서 나타난다. 부모가 자녀교육을 할 때 자신의 경험을 예로 들며 자녀에게 이렇게 말한다. "내가 너보다 살아온 세월이 얼마나 긴데. 내가 먹은 소금이 네가 먹은 밥보다 더 많을 게다. 그러니 내 말 들어."

이런 식으로 자녀로 하여금 자신의 경험을 받아들여서 인생의 여정을 우회하지 않도록 도우려고 한다. 그러나 부모도 자신에게 잔소리하는 어른들에게 이렇게 대꾸한다. "제가 하는 일에 신경 쓰지 마세요. 저도 이미 나이 먹을 만큼 먹었습니다. 문제를 만나더라도 제 손으로 해결할 수 있어요."

물론 할아버지가 아버지에게 잔소리를 하든지, 아버지가 아들을 나무라든지 모두가 관심과 사랑에서 하는 말이다. 그러나 이런 이중잣대를 가진 부모는 자녀로부터 이런 말을 들을 것이다. "아빠도 할아버지 말 안 들으면서 나는 왜 아빠 말을 들어야 돼요?"

사람들은 타인이 규칙을 지키기 바라면서 정작 자신은 규칙을 자주 어긴다. 타인은 법규를 준수하기 원하면서 자신은 그것을 무시한다. 타인에게 관용을 바라면서 자신은 사소한 일까지 따진다. 타인이 불의를 보면 용감하게 나서기를 바라면서 자신은 수수방관한다. 이렇듯 표리부동한 평가기준은 사람과 사람 사이의 관계를 복잡하게 만들고 나라와 나라 사이의 외교 또한 교착상태에 빠지게 만든다. 너무나 많은 사람들이 자신에게는 지나치게 관대하면서 타인은 엄격하게 대하는 이중잣대를 가지고 살아간다.

그러나 이중잣대로 벌어진 문제를 해결할 수 없는 것은 아니다. 지혜로운 공자는 이미 2천 여 년 전에 매우 단순한 원칙을 제시했다. 즉 자신이 원하지 않는 것을 남에게 시키지 말라는 것이다. 당신 자신도 원치 않는 일을 타인에게 억지로 시켜서는 안된다. 이 원칙이야말로 이중잣대를 없애는 가장 간단하면서도 효과적인 방법이다. 이것은 사람과 사람 사이에도 유효하고 나라와 민족 사이의 관계에서도 유효하다. 사람들이 서로 어울려지낼 때 자신을 타인의 입장에 두고 생각하고 말한다면, 인간관계 속의 마찰이 줄어들 것이고 국제외교에서의 갈등 역시 줄어들 것이다.

02

나를 향한 미소를
호감으로 생각하는 이유

– 첫인상의 오류

중국에서 인기리에 방영되었던 한 연애 프로그램에서 일어난 이야기다. 여성 출연자들은 무대에 선 남성 게스트에게 관심이 없으면 각자 테이블에 놓인 등을 꺼서 다음 단계로 가지 않겠다는 의사를 표현했다. 그런데 이들의 결정은 주로 남성 게스트가 무대에 올랐을 때의 첫인상에 좌우됐다. 한 번은 키가 작고 피부가 까무잡잡한 남성 게스트가 무대에 등장했다. 그는 긴장한 탓에 말에 두서가 없고 행동도 무척 부자연스러웠다. 그가 아직 자기소개를 다 하기도 전에 이미 등을 끄는 여성들이 있었다. 진행자가 그 이유를 묻자 어떤 여성은 남자 게스트가 지적이지 않고 무능해 보인다고 대답했고, 또 어떤 여성은 그를 배짱이 없고 소심하며 EQ가 낮다고 평가했다. 또 어떤 여성은 그의 외모가 비호감이라고 대답했다. 이제 겨우 외모만 공개했는데도 거의 10명에 가까운 출연자들이 그를 포기했다.

프로그램이 계속 진행되면서 이 남성에 대해 더 많은 정보가 공개되자 여성들은 그를 완전히 다른 눈으로 보기 시작했다. 그는 명문대학인 칭화대학교의 건축학과를 졸업해서 지금은 대학원에서 박사과정을 공부하고 있다. 얼마 전 그는 친구들과 건축 설계사무소를 열었고 현재 대규모 프로젝트를 진행하고 있다. 여기까지 듣자 방금 테이블의 등을 껐던 여성들은 자신의 성급한 결정을 후회했고 남아 있는 여성들은 호감 어린 눈빛을 그에게 보냈다. 어떤 여성은 그의 검은 피부가 건강하게 보인다고 말했다. 어떤 여성은 그가 말 주변이 없는 것으로 볼 때 분명 머리가 좋고 영리할 것이라고 말했다. 어떤 여성은 직접적으로 호감을 드러내며 그와 같이 창업에 나서겠다고 포부를 밝혔다.

그러나 프로그램의 마지막 순서에서 이 남성 게스트의 현재 상황을 밝히자 더 많은 여성들이 등을 껐다. 그는 이렇게 설명했다. "저는 베이징에 집과 자동차가 있었지만 회사를 창업하기 위해 집을 담보로 대출을 받았고 자동차는 처분했습니다. 또 모아둔 돈을 모두 사무소에 투자한 상태입니다. 그래서 지금은 20제곱미터의 아파트를 빌려서 다른 사람과 나눠 쓰고 있지만 회사 창업 이래로 가장 큰 프로젝트를 진행하고 있습니다."

프로그램 끝에 두 명의 여성이 그를 선택했지만 남성 게스트는 두 여성 중 누구도 선택하지 않았다. 그는 이렇게 말했다. "저는 꿈이 있기 때문에 제 삶이 충실하다고 생각합니다. 사무실로 돌아가 제 꿈을 실현한 다음에 다시 이 프로그램에 나오겠습니다."

가능한 적은 대가를 치르는 착오, 인지편향

위 이야기에서 우리는 여성 출연자들의 태도가 여러 차례 바뀌는 것을 보았고, 남성 게스트가 순차적으로 자신을 소개하는 내용을 통해 그를 좀 더 이해할 수 있었다. 또한 우리는 인물들의 심리적 인지활동이 밖으로 드러나는 태도와 행동에 영향을 주는 것을 파악할 수 있다. 남성 게스트가 잔뜩 긴장한 채 무대에 섰을 때 많은 여성들이 '초두효과Primacy Effect'의 영향을 받아서 그를 부정적으로 평가했고 선택의 기회를 포기했다. 남성 게스트의 학력이 밝혀지자 아직 포기하지 않은 여성들은 후광효과Halo Effect의 영향을 받아서 주도적으로 자신을 어필하기 시작했다.

인지편향(Cognitive bias, 사람이나 상황에 대한 비논리적인 추론에 따라 잘못된 판단을 내리는 패턴 — 옮긴이)은 특정한 TV 프로그램뿐만 아니라 일상생활에서도 자주 나타난다. 어떤 사람은 상대방의 침묵을 내성적 성격의 발현으로 여길 뿐, 그가 거절하는 방식이라고는 생각지 않는다. 어떤 남성은 젊은 여성이 돌아보며 짓는 미소가 자신에게 호감을 표현하는 것이라고 단정한다. "타인은 지옥이다"라고 말하는 사람은 우리 주변에 놓인 위험을 과장한다. "내가 제일 잘나가"라고 말하는 사람은 자신의 능력을 과대평가한다. 그 모두가 인지편향으로 생긴 것이다.

학식이 넓거나 다양한 경험을 한 사람은 생활 속의 인지편향을 쉽게 분별한다. 그러나 그것을 어떻게 해석할지는 심리학자조차 어려워한다. 경제학자는 우리 뇌가 복잡한 환경을 간단한 방식으로 대응하기 때문에 인지편향이 생기는 것을 피할 수 없다고 본다. 사회심리학자는 인지편향은 적극적인 자아 이미지를 유지하고 자존감과 자기 자신에 대한 좋은 평가를 유지하기 위한 방편이라고 본다.

그러나 진화심리학자는 인지편향이란 인간이 진화하면서 자연선택에 의해 습득한 인지방식이라고 본다. 인간은 '시행착오'를 통해 세계를 인식하는데 이때 가능한 한 적은 대가를 치르는 착오를 선택한다. 예를 들어 버섯을 채취한다고 해보자. 눈앞의 버섯이 독버섯인지 아닌지 모를 때는 독버섯으로 생각하고 먹지 않는 편이 안전하다. 만약 독버섯이라고 생각하면 기껏해야 한 끼 굶으면 그만이지만, 독이 없을 거라 생각하고 먹었는데 하필 독버섯이라면 목숨을 잃을 수도 있다. 이런 관점에서 볼 때 인지편향은 인간의 자기보호 수단 중 하나라고 말할 수 있다.

03

😠 😟 😐 🙂 😊

− ━━━━━━━━━━━━━━━ +

무엇이 선한 사람을
악한 사람으로 만드는가
– 짐바르도의 '감옥 실험'

2012년 2월 1일 새벽, 이집트 동부의 포트사이드에서 벌어진 사건에 전 세계가 경악했다. 이날 포트사이드를 연고로 한 알마스리Al-Masry SC와 카이로를 연고로 한 알아흘리Al-Ahly SC의 축구 경기가 열렸는데 알마스리가 3대1로 승리했다. 흥분한 축구팬들은 경기장으로 난입했고 집단 패싸움이 벌어져서 수십 명이 죽고 천 여 명이 부상을 당했다. 이집트 축구협회는 이 사건을 이유로 이집트 프리미어리그 잔여 일정을 취소했다. 그러자 이런 결정에 불만을 느낀 축구팬들은 경찰을 향해 돌을 던졌고 경찰은 시위대를 해산시키기 위해 최루탄을 쏘았다. 양측이 충돌하는 가운데 열세 살 된 소년이 경찰이 발포한 고무탄을 등에 맞고 최루가스를 많이 들이마셔서 병원으로 옮겨졌지만 끝내 목숨을 잃었다.

그뿐이 아니었다. 그날 카이로 체육관에서 열린 또 다른 경기에서도 난투극이 벌어져서 경기장은 축구팬들에 의해 불타고 말았다.

2012년 11월 7일 유럽축구연맹 챔피언스리그 경기에서 파리 생제르맹Paris Saint-Germain FC은 4대1로 선전했지만 파리 시내에서 일어난 축구팬들 사이의 충돌은 이 경기를 무색하게 만들었다. 경기 전 파리 시정부는 안전상의 이유로 훌리건에게 티켓을 판매하지 않았다. 이에 분노한 훌리건들이 경기장 밖에서 집결해 폭력 사태를 만들었다. 이 사태로 적어도 두 명이 다쳤고 스물여덟 명이 체포되었다.

어떻게 해서 스포츠 경기가 폭동의 발단이 되고, 경기를 즐기러 온 팬들이 광분한 폭도가 되었을까? 그 원인을 따지기에 앞서 우선 짐바르도의 '감옥 실험'에 대해 알아보자.

1971년 미국의 심리학자 필립 짐바르도Philip Zimbardo는 환경 조작에 따른 심리변화를 연구하기 위해 '감옥 실험'을 진행했다. 이 실험은 사회심리학자에게 시사한 바가 많지만 실험에 포함된 윤리적 문제로 비판을 받기도 했다.

짐바르도는 70명이 넘는 지원자 중 24명의 대학생을 피험자로 선발했다. 그들은 실험에 필요한 모든 요구사항을 받아들이

기로 수락했고 이에 대한 대가로 매일 15달러를 받기로 했다. 24명의 피험자는 두 조로 나뉘어서 간수와 죄수 역할을 맡았다. 스탠포드대학 지하실을 개조해서 만든 실험실은 세밀한 부분까지 실제 감옥처럼 만들었다.

죄수들에게는 수감번호가 주어졌고 죄수들은 서로를 부를 때 원래의 이름을 불러서는 안 되며 각자의 수감번호를 불러야 했다. 실험자는 죄수들에게 무거운 체인을 채웠고 머리에는 삭발의 효과를 내기 위해 나일론스타킹을 뒤집어쓰게 했다. 또한 죄수들에게 자신의 신분을 잊지 말고 간수의 말에 순종할 것을 요청했다. 한편 간수 역할을 맡은 피험자들은 간수복, 호루라기, 경찰봉, 선글라스를 받았고 감옥의 규칙을 마음대로 정할 수 있었다. 물론 죄수에게 물리적인 폭력을 가하는 것은 금지되었다.

실험이 진행됨에 따라 피험자들은 자신의 역할에 몰입하기 시작했고 실제 '감옥'에서 일어나는 일들이 일어났다.

억압된 환경에 처하다 보니 죄수와 간수 사이에 충돌이 일어났다. 죄수들은 수감 번호표를 찢고 머리에 쓴 스타킹을 벗어던졌으며 간수들이 감방 안으로 들어오지 못하도록 침대로 문을 막았다. 간수들도 강경하게 대응했다. 그들은 달려드는 죄수에게 소화기를 분사했고 옷을 벗으라고 명령하고 모욕했다.

이후 간수들이 방법을 바꿔가며 죄수의 행동을 통제하자 죄수들에게서 이상행동이 나타나기 시작했다. 심리적으로 불안을 느끼며 망상에 빠지고 고함을 지르거나 마구잡이로 화를 내는 죄수가 있는가 하면, 다른 죄수로부터 욕을 듣거나 따돌림을 당해서 히스테리 증상을 보이는 죄수도 있었다. 실험자가 실험을 그만두겠냐고 물었을 때 그는 말했다. "아니요. 돌아가서 제가 나쁜 죄수가 아니라는 것을 증명할 겁니다."

이렇듯 실험은 걷잡을 수 없는 방향으로 나아갔다. 실험을 시작한 지 닷새가 되는 날 피험자의 부모가 변호사를 통해 자신의 자녀를 '출옥'시키라고 요구해왔다. 짐바르도는 그들에게 이는 단지 실험에 지나지 않으며 결코 법률로 다룰 문제가 아니라고 해명했다. 당시 짐바르도 교수마저도 실험의 관찰자가 아닌 간수 역할에서 빠져서 헤어 나오지 못했다. 후에 그의 여자친구가 적극적으로 말려서 겨우 실험을 중단했고 감옥에 있던 모든 피험자들을 풀어주었다. 원래 2주로 계획했던 실험은 엿새 만에 종료되었다. 간수 역할을 맡은 대부분의 학생들은 실험이 종료되자 아쉬워했다. 심리학계에서는 이 실험에 대한 의견이 분분했다.

선한 사람들의 어두운 마음을 드러내는 몰개성화

짐바르도의 실험은 무엇이 선량한 사람을 악하게 만드는지 그 원인을 밝혀주었다.

평범한 학생이 단지 며칠 만에 무자비한 간수가 되었고 사람들에게 친절하고 법규를 준수하는 모범시민이 타인을 모욕하며 쾌감을 느꼈다. 이 실험들은 우리에게 나치의 유태인 학살, 일본인의 만행, 미군의 포로 학대와 같은 실제로 일어났던 사건들을 떠올리게 한다.

어쩌면 모든 평범한 사람들의 마음 깊은 곳에 사악하고 어두운 면이 감춰져 있다가 전쟁이나 감옥과 같은 환경에 놓이자 행동으로 표출된 것일 수도 있다. 실험결과는 이런 설명이 결코 추측이 아님을 보여준다. 피험자의 실제 신분을 지우고 그들에게 번호로만 서로를 부르도록 요구한 때부터 '몰개성화'가 시작되었다. 개성을 상징하는 이름이 가려진 뒤로 모두가 집단의 구성원으로서 오직 주어진 환경이 요구하는 대로 행동했다.

이는 전쟁터에 나간 군인과 같다. 모든 군인은 각자가 속한 가정에서 왔고 그들의 가정에는 사랑스런 아내와 자녀가 있었을 것이다. 하지만 전쟁터에 나간 다음에는 각자의 역사를 묻어두고 상사의 명령에 따라야만 한다. 민간인을 학살하는 부도덕한 행위를 앞에 두고 처음에는 거부하겠지만 시간이 지나면 모든 책임을 '전쟁 수행에 필요'해서 혹은 '위반할 수 없는 명령' 때문이라고 돌리게 된다. 그렇다 보니 평범한 군인은 결국 살인기계로 전락하고 만다.

앞서 소개했던 훌리건의 집단폭동에 대해 다시 생각해보자.

폭동의 가장 주된 원인은 몰개성화다. 스포츠 경기의 관중은 전쟁터에 나간 군인과 마찬가지로 평범한 시민이다. 평소 법과 질서를 준수하던 이들이 순식간에 폭도로 변한 것은 그들이 처한 환경이 범죄의 토양을 제공했기 때문이다.

감옥 실험에 참여한 대학생들처럼 훌리건 안에서 모든 사람이 익명의 개인이기 때문에 누구도 자신을 알아보지 못하고, 혼자서 일탈행동을 해도 누가 누구인지 구별되지 않는다. 그래서 사람들은 도덕에 어긋나고 법률에 위배되는 평소에는 결코 하지 않을 행동을 할 수 있었다. 왜냐하면 그들은 집단이 자신을 엄호하고 있어서 책임을 추궁하더라도 자신을 찾아내지 못할 것이라고 생각했기 때문이다.

또한 집단은 폭동의 책임을 분산시키고 혼자 느끼게 될 죄책감을 줄여준다. 폭동에 가담한 사람 모두에게 책임이 있기 때문에 집단이 저지른 행동에 대해 혼자서 책임지지 않아도 된다. 그래서 폭동에 참여한 개인은 도덕과 법률에 대해 부담을 느끼지 못하기 때문에 더욱 거침없이 행동했다.

04

자유에 두려움을 느끼지 않는 법
– 과도한 자유의 공포

페퇴피Sándor Petöfi는 〈자유와 사랑〉이라는 시에서 이렇게 적었다. "삶은 진실로 고귀하고 사랑의 가치는 한없이 높다. 하지만 자유를 위해서라면 두 가지 모두 포기할 수 있다."

인간은 자유를 얻기 위해 오랫동안 싸워왔다. 하지만 지금 우리는 진정한 자유를 얻었는가?

감옥에 갇혀 수년 동안 매일 똑같은 일상을 보내는 죄수는 자유롭지 않다. 부모의 기대와 시험에 대한 압박감에 시달리고 타인이 정한 기준에 따라 살아가는 학생은 자유롭지 못하다. 대단한 능력을 가졌지만 삼장법사의 주문에 묶여 있는 손오공은 자유롭지 않았다. 외부세계의 구속, 양심의 무게, 본성을 억누르는 이성이 없다면 이 땅에 사는 인간은 자유를 얻을까?

인간은 살아있는 한 자유롭지 못하다. 어릴 때는 공부하느라 바쁘고 성인이 되어서는 일하느라 바쁘고 결혼하면 가정을 돌보느라 바쁘다. 생활에 쫓겨 쉴 틈 없이 살아가고 죽음 후의 자유를 향해 달려가는 듯하다. 어쩌면 인간은 생존에 대한 압박에서 철저히 벗어날 때에라야 비로소 진정한 자유를 누릴 수 있는지도 모른다.

칸트는 "자유란 내가 하고 싶은 것을 하는 것인가? 그것을 자유라고 생각한다면 그것은 너무 얄팍한 생각이다. 자유란 내가 하고 싶지 않은 것을 하지 않는 것이다"라고 말했다. 불을 지르고 싶다고 이웃집을 태우고, 마음껏 돈을 쓰고 싶다고 은행의 금고를 털고, 사람을 때리고 싶다고 해서 때리고 죽이고 싶다고 해서 죽이는 것, 이것은 진정한 자유가 아니라 욕망을 제멋대로 표출하는 것이다. 그러나 '내가 하고 싶지 않은 것을 하지 않는 것'이 진정한 자유라고 하더라도 여전히 해결하기 어려운 수많은 문제가 남아 있다.

지나친 자유는 누구도 자유롭게 하지 못한다

2011년 8월 4일, 아프리카계 흑인 남성 마크 더건이 택시에서 내리는데 경찰이 그를 막아 세웠다. 경찰이 그를 불법으로 총기를 소지한 혐의로 체포하려 하자 양측에서 총격전이 일어났다. 더건은 두 발의 총알을 맞고 현장에서 사망했으며 경찰 한 명이 부상을 당했다. 실제로 더건은 권총 한 자루를 불법으로 소지하고 있었는데 그의 친구는 더건이 권총을 소지한 것은 단순히 취미이기 때문이라고 해명했다.

8월 6일 더건의 가족과 친구들은 경찰의 과잉 대응을 규탄하는 소규모의 평화적 시위를 벌였고 지역 시민들도 시위에 참여했다. 더건의 사건이 세상에 알려지고 젊은이들이 시위에 가담한 뒤로 사태는 심각해졌다. 런던 토트넘 경찰서 근처에서 약 300명이 시작한 항의 시위는 밤이 되자 폭동으로 바뀌었다. 100여 명의 젊은이들이 경찰차와 버스, 도로변 건물에 불을 지르고 도로를 막고 고속도로를 점령했으며 상점 수십 곳을 약탈했다.

영국 신문 〈가디언스〉는 "얼굴을 가린 수백 명의 시위자들이 경찰서 주변에서 경찰을 향해 돌, 술병, 달걀 등을 던졌다. 경찰 순찰차량 여러 대와 이층 버스 한 대가 불에 탔으며 시위자들은 자신들을 체포하려는 경찰들을 막기 위해 주변 시장에서 카트를 무더기로 끌고 와서 바리케이트를 쳤다. 시위자들 대부분이 젊은이들로 그중 10대 청소년이 대다수였다. 나이가 가장 어린 시위자는 채 열 살도 안 돼 보였다."

폭동이 일어난 지 사흘 뒤 런던 시는 비상태세에 돌입했고 경찰은 폭동이 발생한 지역에 대규모 병력을 투입했다. 휴가 중이던 런던 시장과 영국 총리는 상황을 통제하고 후속 조치를 취하기 위해 서둘러 돌아왔다.

이 사건에 관한 논평 중 영국의 기자 막스 헤이스팅은 "폭동이 일어난 근본적 원인은 영국의 복지정책이 키워낸 교양 없고 배운 것 없고 잔인함과 폭력이 멋있다고 생각하는 청년 세대에게 수 년 간에 걸쳐서 가르쳐온 교조적 자유주의이다"라고 적었다.

헤이스팅의 논평은 그야말로 핵심을 찔렀다. 영국사회의 자유주의는 젊은이들에게 공부, 일, 개선, 변화를 강요하지 못한다. 많은 젊은이들이 학교를 다녀도 배우려 하지 않고 졸업한 뒤 제대로 된 직장을 구하지 못한다. 그래서 보통 수준의 생활도 누리지 못하고 사회에서 아무런 소속감도 느끼지 못한다. 이 모든 것이 그들이 어릴 때부터 '과도한 자유'를 누린 결과다. 그들은 제멋대로 행동하지 않더라도 가정과 사회에서 맡아야 할 책임을 내버리고 자신이 원치 않는 일은 거부해왔다. 사회복지제도가 이런 게으름뱅이를 먹여 살리고 있지만 어떤 법률도 그들이 누리는 '자유'에 대해 두려움을 느끼게 하지 못한다. 런던사건이 그동안 불만이 있었지만 침묵하고 있던 사람들을 자극하자 그들은 폭도로 변해서 창끝을 사회 대중을 향해 겨누었다.

사건의 발단이 무엇이 되었든지 간에 과도한 자유가 주어진 성장환경과 사회환경은 이들 젊은이들이 잘못을 떠넘길 변명거리가 되지 못한다. 인간이 자유를 남용할 때 잘못은 인간에게 있는 것이지 자유 그 자체는 아무런 잘못이 없다.

이로부터 알 수 있듯이 자유는 결코 무제한 주어지지 않는다. 인간은 아무 일이든 하고 싶다고 할 수 없고 하고 싶지 않다고 하지 않을 수 없다. 인간은 일정한 한도 내에서 마음껏 선택할 수 있지만 아무렇게나 멋대로 행동해서는 안 되며 자유에는 통제가 필요하다.

지나친 자유는 누구도 자유롭게 하지 못한다. 인간이 무엇을 선택할지 몰라 궁지에 빠졌다면 선택지가 많아서가 아니라 자신에 대해 정확히 판단이 서지 않았기 때문이다.

삶에는 기댈 곳이 필요하다. 인간이 어떤 구체적인 곳에 의지를 집중하면 자유는 결코 죄악의 토양이 아니라 더욱 풍부한 기회를 제공한다.

신흥종교집단이 신도들을
설득하는 방법

신흥종교단체가 새로운 신도를 받아들일 때 결코 낯선 사람에게 "안녕하세요. 우리는 신흥종교인데 입교하시겠습니까?"라고 묻지 않는다. 그와 반대로 식사를 대접하거나 여행을 하며 오랜 시간 함께 대화를 나누면서 서로 간의 거리를 좁힌다.

낯선 사람에서 친한 사람이 되면 새로운 신도들은 장기간에 걸친 종교 훈련을 시작한다. 그와 동시에 자신의 친척, 친구도 데리고 와서 촘촘한 인간관계망을 형성한다. 새 신도들이 정식으로 입교하면 교주는 그들에게 재산을 바치라고 요구한다. 이때 신도들은 교주의 명령을 거부하지 않고 기꺼이 따른다.

신흥종교의 가장 큰 특징은 신도들을 외부세계와 단절시키려고 부단히 애쓴다는 점이다. 교단을 사회와 단절시킴으로써 신도들과 외부세계의 연결을 약화시키고 신도들이 사람들과 어울리고자 하는 사회적 욕구를 교단 내부에서 해결하도록 유도한다. 이때 교단 내부에서는 신도들의 동질감과 소속감을 끊임없이 강화시킨다. 그래서 교주가 신도들에게 주입하는 메시지가 사실과 다르고 완전히 잘못된 내용이라고 하더라도 신도들은 전혀 의심하지 않고 그대로 믿는다. 신도들은 교단의 역사와 내부 규율을 연구하는 데 더 많은 시간과 에너지를 쏟으며 교단이 더 많은 이익을 얻을 수 있는 방법을 고민한다. 그때가 되면 그들은 자신들이 믿는 종교가 사회로부터 지지를 얻지 못한다는 사실에 개의치 않으며 나중에는 교단에 열렬히 충성하는 신도가 된다.

신흥종교의 독특한 시스템은 교주의 신비주의와 신도들의 연약함을 강화시킨다. 우리가 살고 있는 사회에서 헤아릴 수 없이 많은 정치 지도자, 교육계 종사자, 민중에게 영향력을 끼치는 일을 하는 사람들 모두 실제로는 종교지도자와 비슷한 일을 하고 있다. 그래서 어떤 때에는 교육과 미혹, 계몽과 세뇌, 심리치료와 정신의 통제의 경계가 불분명하다.

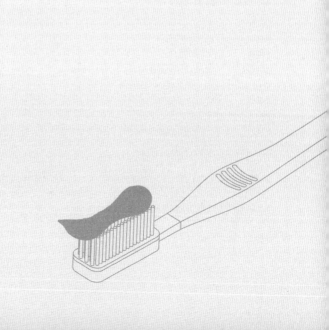

옮긴이 정유희

한국외대 교육대학원에서 중국어교육학을 전공했고, 방송국 토크쇼와 인터뷰 번역, 방송자막 번역 등을 했다. 현재 번역 에이전시 엔터스코리아에서 출판 기획 및 중국어 전문 번역가로 활동하고 있다. 옮긴 책으로 《서른 전에 한 번쯤은 심리학에 미쳐라》 《머리를 써야 할 때 감정을 쓰지 마라》 《내 안에서 찾은 자유》 《유대인 유치원에서 배운 것들》 등이 있다.

살아가는 데 가장 많이 써먹는 심리학

초판 1쇄 발행 2020년 9월 14일
초판 6쇄 발행 2023년 2월 13일

지은이 지루징
펴낸이 정덕식, 김재현
펴낸곳 (주)센시오

출판등록 2009년 10월 14일 제300-2009-126호
주소 서울특별시 마포구 성암로 189, 1711호
전화 02-734-0981
팩스 02-333-0081
전자우편 sensio@sensiobook.com

ISBN 979-11-90356-73-2 03320

소중한 원고를 기다립니다. sensio@sensiobook.com